# LE JAPONAIS DU MANGA

PAR SHIMA KADOKURA ET MISATO RAILLARD

ASSiMiL
Langues en liberté
kana

序文

# PRÉFACE

Je m'estime heureuse d'avoir découvert le manga avec **hi no tori** *L'oiseau de feu*, de TEZUKA Osamu et **kamui den** *La légende de Kamui* de SHIRATO Sanpei. Quelle chance d'avoir été initiée par ces deux piliers de l'histoire du manga ! Commencer par des chefs-d'œuvre rend cependant les lectures suivantes plus difficiles ! Lorsque l'on reconnaît l'excellence, l'exigence s'impose...

C'était il y a déjà longtemps, mais, comme le disent les auteurs de cet ouvrage : « De 7 à 77 ans ! Que l'on soit enfant, femme ou homme, chacun peut trouver son bonheur dans cet univers merveilleux ! »

Ces deux bandes dessinées japonaises m'ont séduite par les histoires elles-mêmes. Elles s'inspirent de grands pans de l'histoire du Japon, avec toute la mythologie qui est née de ces périodes, l'exaspération des sentiments, des héros attachants, de l'action et toujours de l'action. Mais ce n'est pas seulement le contenu qui a suscité mon intérêt...

C'était une époque où je m'intéressais beaucoup au cinéma, où j'en faisais un peu moi-même, et où je dévorais les livres techniques sur les plans, les prises de vue, etc... J'ai donc été tout de suite frappée par l'aspect cinématographique de la mise en place et du dessin. Les fans de bandes dessinées se répartissaient alors en deux camps irréconciliables : les « tintinophiles » et les « spirouphiles ». J'appartiens à la deuxième catégorie, je me suis donc délectée à la lecture des histoires de Lucky Luke, Gaston Lagaffe, Boule et Bill, etc... De la bande dessinée sage : des cases bien alignées, de taille quasi uniforme, un dessin toujours vu de plain-pied, presque toujours en plans moyens, de la couleur, et des mots enfermés dans des bulles. Évidemment un tout autre univers s'ouvrait à moi avec ces deux manga, plus proche du cinéma que de la bande dessinée classique. D'abord du noir et blanc, qui oblige à une recherche constante des équilibres de nuances – entre ombre et lumière. (Je ne me consolerai jamais de la disparition du cinéma noir et blanc.) Puis j'ai découvert avec enthousiasme une manière nouvelle de concevoir la bande dessinée : un autre découpage des planches, conçues pour une vision globale, des plans très étudiés et plus variés (parfois très audacieux), des mots virevoltant dans l'image, un dessin exprimant les sentiments, les mouvements, voire la violence, en quelques traits seulement, des planches entières sans paroles, pour planter un décor, raconter une situation. De quoi être captivé !

Depuis, la production de manga a explosé, mélangeant le meilleur et le pire. Traductions et productions directes en français se succèdent. Magasins spécialisés ou rayons des grandes librairies présentent des flots toujours plus nombreux de ces petits livres. **otaku** est devenu un mot français... Autant de réalités qu'on ne peut plus ignorer.

L'ouvrage que présentent Misato RAILLARD et KADOKURA Shima est le résultat d'un énorme travail, qui a toute mon admiration. Écrit d'une façon très vivante, on y sent une grande expérience des milieux du manga. Tel une clé, il ouvre les portes d'un univers caché et conduit le lecteur jusqu'au plus profond du monde du manga.

Au fur et à mesure qu'on le lit, on a l'impression d'être embarqué pour un voyage plein de découvertes imprévues, de vivre aux côtés des **mangaka** et de leur entourage, de partager leur vie quotidienne, leurs joies et leurs problèmes, de les voir travailler, dans leur environnement avec leur matériel... on a même mal au dos avec eux sur leur chaise. Qu'on soit complètement néophyte, amateur, fan, ou simple curieux, qu'on le lise en continu ou qu'on le consulte, pour en savoir plus sur tel ou tel point, nul doute qu'on trouvera un grand plaisir à la lecture de cet ouvrage et qu'on en tirera grand profit.

Catherine GARNIER

はじめに

# INTRODUCTION

Dans cet ouvrage :

- Les japonisants et les Japonais pourront être surpris par des expressions ou des mots détournés de leur emploi habituel et qui n'existent pas dans les manuels, tel **tsundoku** 積読, ou des expressions très imagées comme **kanzume** カンヅメ. Ils ne seront plus « collés » par des questions de fans de **manga** 漫画 sur des tournures trop spécifiques, et passeront un moment de découverte instructif et ludique.
- Les débutants en japonais, mais vétérans en **manga** 漫画, retrouveront certains termes qu'ils ont déjà entendus ou qu'ils utilisent dans leur quotidien (les fans ou professionnels du milieu). Pour ceux qui communiquent avec des Japonais, ce sera l'occasion de briller lors d'un rendez-vous ou de faire sourire leur interlocuteur en utilisant une expression très pointue, tel **otonagai** 大人買い ou encore **poppu** ポップ.
- Les novices en langue japonaise et en culture manga seront initiés au « phénomène manga » avec des mots que l'on peut lire dans la presse tels **otaku** オタク, **shônen**, 少年, ou encore **meido kafe** メイドカフェ. Et qui sait, naîtra peut-être l'envie d'approfondir et de faire le grand saut de l'apprentissage du japonais ?

À l'origine de ce livre, l'idée un peu folle d'un éditeur d'écrire en français un lexique franco-japonais des termes empruntés au monde du **manga** 漫画 : « Un livre sur le **manga**, avec du vocabulaire que même les Japonais non initiés au manga ne connaîtraient pas ! » Il est vrai que chaque domaine a ses termes techniques, son propre jargon. Celui-ci ne fait pas exception. Au quotidien, les professionnels et les lecteurs utilisent des mots en les détournant de leur sens originel.

Si vous voulez apprendre le japonais, il existe la méthode du Japonais sans peine d'Assimil !

Attention
ce livre n'est pas
un manuel de
langue japonaise !

Ce livre n'est donc pas un dictionnaire de japonais, ni un manuel d'apprentissage de langue. En faisant un choix de termes et d'expressions, les auteures tentent de faire ressortir la réalité du terrain. En effet, cet ouvrage a été écrit par KADOKURA Shima, une journaliste et écrivain spécialisée dans la bande dessinée japonaise, qui pendant plus de dix ans, a interviewé plus de 200 **mangaka** 漫画家 ; et Misato Raillard, traductrice de manga 漫画, en France depuis plus d'une décennie. Le Japonais du manga regorge d'informations fraîches empreintes de « vécu ». Il est destiné évidemment aux personnes qui ne connaissent pas ce secteur, mais également aux initiés, qui nous espérons, pourront passer un moment de lecture agréable et instructive.

Cet ouvrage a été enrichi par la précieuse participation de Catherine Garnier **sensei** 先生, ancienne professeur à l'inalco, auteur de plusieurs ouvrages pédagogiques en linguistique japonaise (notamment aux éditions Assimil), qui apporte un éclairage linguistique et un approfondissement culturel.

Nous avons pris le parti de proposer une liste de mots ou d'expressions utilisés dans le milieu, entrés dans les mœurs, et d'expliquer leur sens de manière simple et succincte. De *l'auteur de manga*, **mangaka** 漫画家, à *l'éditeur*, **henshûsha** 編集者, du milieu professionnel à l'univers du fan, ou encore, des *planches* **genkôyôshi** 原稿用紙, aux *impressifs* **gitaigo** 擬態語, vous aurez un bon aperçu des termes incontournables. Cette liste est loin d'être exhaustive car cet univers évolue constamment ; de nouvelles expressions naissent chaque jour avec de nouveaux usages. La créativité du milieu et la volonté d'utiliser parfois un langage qui semble « codé » pour les non-initiés se reflètent dans ce *Japonais du manga* !

Nous vous souhaitons une bonne immersion en terre **manga** 漫画 !

## NOTES AVANT LECTURE

Nous avons fait le choix de ne pas pluraliser les termes japonais transcrits selon le système Hepburn (méthode de romanisation du japonais), même ceux désormais présents dans le dictionnaire français.

Pour ceux qui ne sont pas encore tout à fait familiarisés avec la prononciation du japonais, voici quelques rappels utiles :

**Voyelles :**

- **a**, **i**, **o** comme en français ; **e** le plus souvent [é], mais [è] devant deux consonnes ou une autre voyelle ou **n** final (ex. : sensei [sèn'sèill']) ; **u** entre [eu] et [ou].
- **an** se prononce [an.n], comme dans en avant, **on** [on.n] comme dans on y va.

**Consonnes :**

Elles sont presque toutes comme en français, sauf : **r** qui se prononce entre [l] et [r], plus près de [l] : **h** toujours aspiré.
Et surtout : **s** se prononce TOUJOURS [ss], comme dans *sac* ou *mousse*.
Si on doit prononcer [z], c'est écrit **z**. Génial, non ? Donc : miso [misso], wasabi [ouassabi], bonsai [bon.n'ssaill'].

**Dernier point important :** un accent circonflexe sur une voyelle signifie qu'elle doit se prononcer longue, c'est à dire tenue.

| | | | | |
|---|---|---|---|---|
| あ **a** | い **i** | う **u** | え **e** | お **o** |
| か **ka** | き **ki** | く **ku** | け **ke** | こ **ko** |
| さ **sa** | し **shi** | す **su** | せ **se** | そ **so** |
| た **ta** | ち **chi** | つ **tsu** | て **te** | と **to** |
| な **na** | に **ni** | ぬ **nu** | ね **ne** | の **no** |
| は **ha** | ひ **hi** | ふ **fu** | へ **he** | ほ **ho** |
| ま **ma** | み **mi** | む **mu** | め **me** | も **mo** |
| や **ya** | | ゆ **yu** | | よ **yo** |
| ら **ra** | り **ri** | る **ru** | れ **re** | ろ **ro** |
| わ **wa** | | | | を **o** |
| | | | | ん **n** |

| | | | | |
|---|---|---|---|---|
| が **ga** | ぎ **gi** | ぐ **gu** | げ **ge** | ご **go** |
| ざ **za** | じ **ji** | ず **zu** | ぜ **ze** | ぞ **zo** |
| だ **da** | ぢ **ji** | づ **zu** | で **de** | ど **do** |
| ば **ba** | び **bi** | ぶ **bu** | べ **be** | ぼ **bo** |
| ぱ **pa** | ぴ **pi** | ぷ **pu** | ぺ **pe** | ぽ **po** |

| | | | | |
|---|---|---|---|---|
| きゃ **kya** | | きゅ **kyu** | | きょ **kyo** |
| ぎゃ **gya** | | ぎゅ **gyu** | | ぎょ **gyo** |
| しゃ **sha** | | しゅ **shu** | | しょ **sho** |
| じゃ **ja** | | じゅ **ju** | | じょ **jo** |
| ちゃ **cha** | | ちゅ **chu** | | ちょ **cho** |
| にゃ **nya** | | にゅ **nyu** | | にょ **nyo** |
| ひゃ **hya** | | ひゅ **hyu** | | ひょ **hyo** |
| びゃ **bya** | | びゅ **byu** | | びょ **byo** |
| ぴゃ **pya** | | ぴゅ **pyu** | | ぴょ **pyo** |
| みゃ **mya** | | みゅ **myu** | | みょ **myo** |
| りゃ **rya** | | りゅ **ryu** | | りょ **ryo** |

## 「カトリーヌ先生の日本語講座」
## Les leçons de japonais de Catherine sensei

Le japonais s'écrit en utilisant deux systèmes, de natures très différentes.

Les **kanji** 漢字
Empruntés à la Chine, ce qu'on appelle des idéogrammes : union d'une graphie, d'une prononciation (plusieurs dans la plupart des cas) et d'un sens. Ex : 画 prononcé **ga** ou **e** ou **kaku** : le dessin, la peinture.

Les **kana** 仮名
Dérivés des caractères chinois, mais sont purement phonétiques : une forme, une prononciation. Il existe deux sortes de **kana** 仮名 :

- les **hiragana** 平仮名 aux formes arrondies et souples. Ex : ら prononcé **ra**, の prononcé **no**.
- les katakana 片仮名 aux formes anguleuses et raides. Ex : マ prononcé **ma**, ガ prononcé **ga**.

En théorie, chaque système d'écriture a un emploi déterminé. Ainsi les **kanji** pour les noms, les verbes, les adjectifs ; les « vrais » mots. Les **hiragana** pour les éléments grammaticaux, nombreux en japonais, et les **katakana** pour les mots empruntés aux langues étrangères autres que le chinois.
Ça, c'est le principe. Mais ce n'est pas une faute d'écrire en **kana** ce qui devrait l'être en **kanji**. C'est un choix. Ainsi le mot **manga** peut s'écrire de trois façons. Le sens reste le même : *manga*, mais le choix de l'écriture apporte une nuance.

Ce qui est très frappant c'est ce qui s'est passé pour les noms d'animaux. Bien sûr les noms d'animaux exotiques s'écrivent en **katakana** : ライオン **raion** *le lion*. Mais les animaux qui existaient en Chine possédaient une graphie en **kanji**, qui a été transmise au Japon. Par exemple la fourmi : le **kanji** est 蟻. C'est un **kanji** plutôt compliqué et fort peu utilisé, on est donc passé à une graphie en **hiragana** : あり (surtout dans les livres pour enfants). Mais depuis quelque temps il est devenu tout à fait normal de l'écrire en **katakana** アリ, bien que la fourmi n'ait rien d'exotique… Et c'est le cas pour nombre de noms d'animaux. Les trois graphies restent possibles.

漫画家

# L'auteur de manga

# 漫画家

# L'AUTEUR DE MANGA

Au cinéma, il y a un réalisateur, une costumière, un scénariste... Dans un **manga** 漫画, c'est le **mangaka** 漫画家, *l'auteur de manga*, qui remplit tous ces rôles !

漫画家 ◆ **mangaka** *l'auteur de manga*

Personne dont la profession est de dessiner des **manga** 漫画. Un auteur qui dessine dans une revue distribuée dans le commerce est considéré comme un auteur professionnel. Au Japon, le chiffre exact des auteurs professionnels est difficile à déterminer. Cependant, on considère qu'il y a plusieurs milliers d'auteurs de bandes dessinées japonaises dans l'archipel. Autrefois, les **mangaka** 漫画家 étaient quasiment traités comme des marginaux, leur métier n'était pas très bien perçu par la société, au point que certains propriétaires ne voulaient pas leur louer d'appartements. Aujourd'hui, grâce à l'essor de la bande dessinée japonaise et à son rayonnement dans le monde, **mangaka** 漫画家 est devenu une profession reconnue. Certains auteurs sont maintenant très riches, et sont désormais considérés comme de véritables stars. C'est aujourd'hui un métier qui fait rêver les jeunes ; les temps ont changé !

L'auteur qui disparaît après un grand hit, l'auteur qui continue de dessiner activement pendant des dizaines d'années, l'auteur qui se hisse au rang de **manga no kamisama** マンガの神様, *Dieu du manga*... Nous vous présentons différentes catégories et sobriquets de **mangaka** 漫画家, ainsi que la manière dont ils se perçoivent.

## 「カトリーヌ先生の日本語講座」
## Les leçons de japonais de Catherine sensei

**mangaka** 漫画家
Pour désigner une personne se livrant à une activité professionnelle, le japonais dispose de plusieurs procédés. Pour tout ce qui est concret et relève du commerce ou du travail manuel, on ajoute au nom de l'objet vendu le mot **ya** 屋, petit bâtiment : **hon** 本, *livre* => **hon.ya** 本屋, *librairie* ; **sakana** 魚, *poisson* => **sakanaya** 魚屋, *poissonnerie* ; **tatami** 畳, *tatami* => **tatamiya** 畳屋, *fabriquant de tatami* ; **râmen** ラーメン, *soupe de nouilles* => **râmen.ya** ラーメン屋, *restaurant de soupe de nouilles*, etc... Même si ce type d'expression est de nos jours évité à l'écrit (perçu comme un peu péjoratif, un peu ringard), dans la vie courante tout le monde va chercher son pain chez le *boulanger* パン屋さん **pan.yasan**.

Pour les activités de type intellectuel, basées sur l'acquisition de connaissances abstraites, on utilise **sha** 者, *une personne* : **ki** 記, *l'écrit* => **kisha** 記者, *journaliste* ; **sûgaku** 数学, *les mathématiques* => **sûgakusha** 数学者, *mathématicien* ; **i** 医, *la médecine* => **isha** 医者, *médecin* ; **shakaigaku** 社会学, *la sociologie* => **shakaigakusha** 社会学者, *sociologue*, etc.

Les artistes ont droit à un traitement particulier : l'adjonction du mot **ka** 家, *maison*. Est-ce parce que la formation d'un artiste se faisait jadis surtout par le système de disciples, habitant la maison du maître ?
L'ensemble des disciples formant une « école » : **ga** 画, *la peinture* => **gaka** 画家, *peintre* ; **kenchiku** 建築, *l'architecture* => **kenchikuka** 建築家, *architecte* ; **sakkyoku** 作曲, *la composition musicale* => **sakkyokuka** 作曲家, *compositeur*, etc.

Il est intéressant de noter que deux disciplines posent des problèmes : *l'histoire*, **rekishi** 歴史, et *la littérature*, **bungaku** 文学. Comme si la langue n'arrive pas à décider s'il s'agit d'un art ou d'une activité intellectuelle. Un *historien* peut se dire **rekishika** 歴史家, ou **rekishigakusha** 歴史学者. Un *homme de lettres*, un *écrivain* se dit : **bungakusha** 文学者, mais *l'auteur* se dit **sakka** 作家 (littéralement : « celui qui fabrique »). Pour les **manga** 漫画, pas d'hésitation, celui qui les écrit est un **mangaka** 漫画家, donc considéré d'emblée comme un artiste.

彼らの姿は ?

# À quoi ressemblent-ils ?

Selon la tradition et comme chacun sait, un **mangaka** doit rester un artiste sans visage. Ils sont peu nombreux à laisser le public connaître leur visage. Souvent, un dessin est utilisé à la place d'une photo, en page de présentation.

顔出し
**kaodashi**
*montrer le visage*

◆ Le fait qu'un auteur dévoile son visage dans les médias. En général, les auteurs n'apparaissent pas en public. C'est notamment le cas des auteurs de **shôjo** 少女 (*manga pour fille*) – en dehors des **ôgosho** 大御所 (*grands maîtres*), et des **beteran** ベテラン (*auteurs qui ont une très longue carrière*). Cependant, les auteurs qui se montrent sont de plus en plus nombreux.

自画像
**jigazô**
*l'autoportrait*

◆ Illustration ou photographie censée représenter l'auteur. Elle est souvent utilisée en page de présentation et/ou à la place d'une photographie de visage. Il arrive que les auteurs choisissent un cliché de leur animal de compagnie ou d'un de leurs personnages. En général, quand les autoportraits sont dessinés, les traits sont simplifiés. Les auteurs sont dessinés avec humour et moins beaux que dans la réalité.

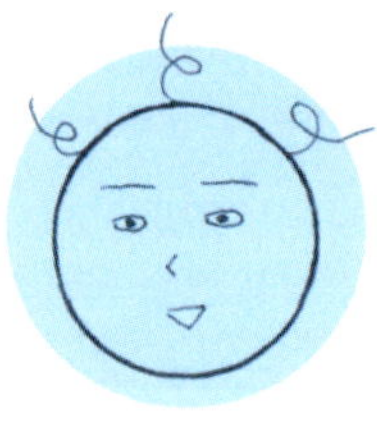

L'avatar de Junko Kawakami. Mangaka vivant en France. Les 3 cheveux sur la tête symbolisent ses boucles naturelles.

Enfin, pour devenir un auteur de **manga** 漫画, il est essentiel de se munir... d'un béret !! **berêbô** ベレー帽, *le béret*, est devenu un symbole du fait que TEZUKA Osamu en portait un. Pour un déguisement de **mangaka** 漫画家, c'est un accessoire incontournable !

Aux fans de culture japonaise, un film fera certainement écho à l'accessoire fétiche des artistes japonais : *Achille et la tortue*, du célèbre peintre-écrivain-cinéaste-acteur-animateur, Kitano Takeshi, qui raconte la vie d'un homme vouant sa vie à l'art, et qui ne quitte jamais son béret rouge.

Il ne suffit pas de se décréter **mangaka** 漫画家 pour le devenir au Japon. On peut être un auteur professionnel ou amateur, célèbre ou inconnu. Penchons-nous sur ses multiples visages.

漫画家にはたくさんの種類がある

## Différentes réalités d'auteurs de manga

Tous les *auteurs de manga*, **mangaka** 漫画家, ne sont pas logés à la même enseigne. Il existe plusieurs catégories dans ce métier, réparties en fonction de la nature du travail et/ou du succès par exemple.

◆ 原作者 **gensakusha** *le scénariste*

Personne chargée d'écrire l'histoire qu'elle créée en binôme avec un **sakugaka** 作画家, *dessinateur*. Certains **gensakusha** 原作者 sont exclusivement des scénaristes, et d'autres, en parallèle, dessinent également des **manga** 漫画 pour leur compte. On n'appellera pas **mangaka** 漫画家 un **gensakusha** 原作者, qui ne dessine pas de **manga** 漫画. Sa part de travail est variable. En effet, certains scénaristes écrivent l'intrigue ou le scénario et d'autres vont jusqu'au story-board. Le niveau du scénario remis à l'auteur dépend à la fois des capacités du scénariste et du dessinateur.

ÔBA Tsugumi, le scénariste de *Death Note* écrit jusqu'au story-board. Light est un lycéen qui voit sa vie changer le jour où il prend possession du Death Note. Carnet aux pouvoirs mortels : inscrire le nom de quelqu'un dessus lui assure un destin tragique !

作画家 ◆ **sakugaka** *le dessinateur*

Personne qui dessine et finalise une bande dessinée, à partir d'un scénario. Son travail varie en fonction du stade du scénario que lui remet le **gensakusha** 原作者.

Le manga *Ashita no Jô* n'aurait pas été le même sans le dessin de CHIBA Tetsuya et le scénario de KAJIWARA Ikki. Ce manga, édité en France par Glénat depuis 2012, est connu au Japon depuis bien longtemps. Il fut prépublié dans le magazine *Weekly shônen* de 1968 à 1973, avant d'être compilé en 20 tomes en 1993. Le personnage principal, YABUKI Joe, jeune rebelle, a servi d'effigie pour symboliser la résistance et l'indépendance pendant la guerre du Vietnam. C'est d'ailleurs cet événement qui marqua la fin de la série, sous la pression des autorités japonaises.

L'auteur de **manga** 漫画 est multitâche quels que soient son niveau et son expérience... Le fait qu'il puisse et veuille vivre de son art distingue le professionnel de l'amateur.

絵師 ◆ **eshi** *le maître de dessin*

C'est une appellation respectueuse pour une personne capable de dessiner une belle illustration techniquement très aboutie. Cela peut être un dessinateur professionnel ou amateur. C'est un mot inspiré des maîtres d'estampes, **ukiyoeshi** 浮世絵師 qui signifie « *peintre d'ukiyoe* », et très ancré dans les traditions japonaises.

「プロとアマの垣根はどんどん低くなっている。」
*« puro to ama no kakine wa dondon hikuku natte iru. »*

« Entre l'auteur professionnel et l'auteur amateur, la frontière devient de plus en plus ténue. »

◆ プロ
**puro**
*le professionnel*

Abréviation de « professional » en anglais « pro ». Dans ce domaine, ce terme désigne les auteurs qui ont déjà publié dans une revue commerciale. L'appellation **mangaka** 漫画家 désigne les auteurs professionnels.

◆ アマ
**ama**
*l'amateur*

Abréviation d'« amateur » en anglais, mot emprunté évidemment au français. Dans ce domaine, le terme désigne un auteur qui dessine en hobby ou qui veut devenir un **puro** プロ, *auteur professionnel*, mais qui n'a pas encore publié dans un **shôgyôshi** 商業誌, *une revue vendue dans le commerce*. C'est le cas par exemple des auteurs qui publient dans les **dôjinshi** 同人誌, *fanzines*. Certains parmi eux pourraient passer professionnels mais ne le souhaitent pas.

◆ 同人作家
**dôjin sakka**
*l'auteur de fanzine*

Auteur amateur qui dessine pour un **dôjinshi** 同人誌, *fanzine*. À la base, réaliser ce type d'ouvrage est un loisir donc il n'y a pas d'ambitions commerciales, encore moins lucratives. Toutefois, il existe des auteurs amateurs qui vendent leur production pour plusieurs milliers d'euros, mais uniquement dans des salons de vente directe de fanzines tels que le **komiketto** *Comiket* コミケット(voir rubrique sur l'univers des **otaku** オタク). Ces novices pourraient devenir auteurs professionnels, mais généralement ils ne le souhaitent pas puisqu'ils ne veulent pas dessiner dans une revue commerciale. En effet, être publié dans ce genre de magazine impliquerait qu'une grande partie du chiffre d'affaires serait récupéré par l'éditeur alors que dans le cas d'un fanzine, la totalité du chiffre d'affaires revient à l'auteur. Par exemple, pour la parution d'un volume relié, seul 10 % des ventes reviennent à l'auteur. Pour ces auteurs, qui ne cherchent ni reconnaissance ni notoriété, le choix n'est pas difficile à faire !

キャリアと人気で呼び名も変わる

## Différentes appellations selon la carrière et le succès

Au Japon, certains poissons changent de noms en fonction des étapes de leur croissance. Par exemple, le **bora** ボラ, *mulet cabot*, naît **oboko** オボコ, puis devient successivement, **subashiri** スバシリ, **ina** イナ, **bora** ボラ, pour finir **todo** トド. Sur le long chemin de la création de son œuvre, l'appellation de l'auteur varie aussi en fonction de son expérience, de son succès, etc.

ベテラン **beteran** *le vétéran* ◆ Un **mangaka** 漫画家 avec une longue carrière (de plusieurs dizaines d'années) et qui est respecté dans la profession. Pour un grand nombre d'entre eux, leur reconnaissance dépasse leur milieu. Certains ont même reçu des décorations prestigieuses.

IKEDA Riyoko a reçu la Légion d'Honneur en France en mars 2008 pour avoir assuré la promotion de la culture française à travers son manga

*La Rose de Versailles* qui se déroule avant et pendant la Révolution française. Au Japon, il existe également des distinctions telles le Shiju hôshô (le Ruban Violet) reçu par exemple par HAGIO Moto en 2012. Ces auteurs qui reçoivent ces honneurs ont un statut social élevé.

Surnom de TEZUKA Osamu. C'est l'auteur qui a hissé le **manga** 漫画 au rang d'un art. Il dispose d'un statut différent de tous les autres auteurs.

◆ マンガの神様
**manga no kamisama**
*le Dieu du manga*

Sans aller jusqu'au **ôgosho** 大御所, ou **kyoshô** 巨匠 (*grand maître*), il s'agit d'un auteur qui a une longue carrière – au moins 20 ans – qui a travaillé en première ligne et qui a une stabilité en tant qu'auteur. Cette désignation est très positive.

◆ 大御所、巨匠
**ôgosho, kyoshô**
*le grand maître*

Auteur phare d'un magazine de prépublication. Sa présence attire les lecteurs, son nom apparaît donc fréquemment en lettres capitales dans les pages de la revue. On lui confie aussi souvent les pages couleurs ou l'illustration de la couverture pour faire grimper les ventes.

◆ 看板作家
**kanban sakka**
*l'auteur vedette*

Auteur qui publie des œuvres en continu. Ce terme est employé pour une personne qui a une longue carrière de plusieurs dizaines d'années.

◆ 現役漫画家
**gen.eki mangaka**
*l'auteur en service actif*

Le premier terme vient de l'anglais « proper », et le second est la variante japonaise traduite. Un **mangaka** 漫画家 qui continue de dessiner dans le magazine dans lequel il a publié sa première bande dessinée.

◆ プロパー、生え抜き
**puropâ, haenuki**
(litt. « proper »)
*l'auteur de souche*

TEZUKA Osamu : 3 novembre 1929– 9 février 1989. Surnommé **manga no kamisama** マンガの神様, *Dieu du manga*, il a influencé de nombreux auteurs de manga ainsi que leurs œuvres. Il débute sa carrière avec *Mâchan no nikkichô (Le journal intime de Mâchan)* en 1946. Puis, l'œuvre *Shintakarajima, La Nouvelle île au trésor*, qu'il publie l'année suivante, en 1947, devient un bestseller. Parmi ses œuvres maîtresses, il y a *Astro, le petit robot, l'Oiseau de feu, Le roi Léo* ou encore *Black Jack*. Dans sa région natale, dans la ville de Takarazuka du département de Hyôgo, un musée mémorial lui est consacré.

専属 ◆ **senzoku** *l'auteur exclusif*

Auteur qui a conclu un contrat d'exclusivité avec une revue ou une maison d'édition. C'est souvent le cas pour les auteurs de revues hebdomadaires **shônen** 少年.

先生 ◆ **sensei** *le maître*

Une des appellations données à l'auteur de **manga** 漫画. À l'origine, cette dénomination était destinée aux enseignants. De nos jours, elle est fréquemment employée pour des médecins ou des avocats, des métiers ayant un statut social élevé. Il arrive que ce terme soit utilisé également pour des romanciers. C'est une marque de respect. Les assistants appellent ainsi l'auteur qui les emploie. Les éditeurs l'utilisent aussi. Selon certains, ce terme a commencé à être utilisé par les éditeurs, qui ont en charge plusieurs auteurs attitrés, pour éviter de se tromper de noms d'auteur en n'utilisant qu'un terme unique : **sensei** 先生.

中堅
**chûken**
*l'auteur expérimenté*

Auteur qui a au moins dix ans de carrière. Il commence à avoir une somme importante de travail, cependant les choses semblent encore en évolution. C'est le moment pour lui de se donner à fond. Il est plus jeune que le **beteran** ベテラン, *vétéran*.

新人
**shinjin**
*le jeune auteur*

Auteur qui vient de débuter, qui a peu d'années d'expérience, ou qui vient de recevoir un prix au 新人賞 **shinjinshô**, *le concours de jeunes talents*.

新星
**shinsei**
*la nouvelle étoile*

Auteur amateur et talentueux qui fait soudain son apparition dans le monde des **puro** プロ, *auteurs professionnels*.

一発屋
**ippatsuya**
*l'auteur d'un seul succès*

Auteur dont une de ses œuvres, en lien avec son époque, a connu une grande popularité, mais dont les œuvres suivantes n'ont pas eu de succès. Il disparaît naturellement du paysage éditorial. Ce terme est également employé pour qualifier des chanteurs et des comiques.

消えた漫画家
**kieta mangaka**
*l'auteur disparu*

Un **mangaka** 漫画家 qui a du succès pendant un temps mais dont les œuvres finissent par ne plus être publiées. Il retombe dans l'anonymat.

メジャー作家
マイナー作家
**mejâ sakka**
**mainâ sakka**
*auteur majeur, auteur mineur*

Ces termes sont issus de l'anglais « major » et « minor ». Auteur dont le nom est connu et qui publie une série dans un magazine d'une grande maison d'édition de type *Shûkan Shônen Jump*, est un auteur « major ». Un auteur dont le nom n'est pas connu et qui publie dans un magazine à tirage limité, de type Akkusu, est un auteur « minor ». Grâce à l'adaptation d'une œuvre en dessin animé ou en film, on peut passer soudain de statut d'auteur « **mainâ** マイナー » à « **mejâ** メジャー ».

脱サラ ◆ **datsusara** *l'ex-salary-man*

**sara** サラ est l'abréviation du terme anglais « salary-man », **sararîman** qui signifie *employé de bureau*. **datsu** (脱) veut dire *ôter, débarrasser*. Le **datsusara** 脱サラ désigne celui qui a réussi à se débarrasser de sa condition « d'employé de bureau ». Par conséquent, c'est une personne qui cesse son activité en tant que salarié pour devenir travailleur indépendant. Parmi les **mangaka** 漫画家, il y a de nombreux *ex-salary-man*. Ils bénéficient d'un avantage considérable : pouvoir dessiner le monde de l'entreprise en mettant à profit leur expérience.

Par exemple, SHINOHARA Kenta, l'auteur de *Basket Sket Dance*, a d'abord travaillé dans une entreprise avant de prendre la décision de devenir auteur de manga. Pari réussi !

Certains **manga** 漫画 ne bénéficient pas du même engouement, ou accueil de la part du public, néanmoins ils restent *bien accueillis par la profession*, **gyôkai uke** 業界受け. En effet, cette expression désigne une œuvre qui a du succès surtout auprès des auteurs ou des professionnels du milieu et non auprès des **dokusha** 読者 *lecteurs*.

Le métier de **mangaka** 漫画家 recouvre différentes réalités. Toutefois, tous les auteurs se donnent la même mission qui les pousse à toujours se dépasser...

描き続けることが使命

## Sa mission : continuer de dessiner

Quand un **manga** 漫画 est prépublié en série dans un magazine, hebdomadaire ou mensuel, l'auteur est tenu de respecter la date de remise des planches. C'est primordial ! Qu'il vente, qu'il neige, ou qu'il fasse une chaleur caniculaire, le **mangaka** 漫画家 doit **kaite** 描いて, *dessiner*, **kaite** 描いて, *dessiner*, **kaite** 描いて, *dessiner*... Toutefois, quelques aménagements sont possibles.

◆ 休載
**kyûsai**
*la pause de publication*

Interruption momentanée d'une série. L'éditeur annonce en général que « la série est interrompue car l'auteur est soudainement tombé malade ». En réalité, c'est souvent l'auteur qui n'a pas eu le temps de remettre ses planches à temps pour l'impression.

◆ 減ページ
**genpêji**
*les pages en moins*

Un mot issu de l'association de l'idéogramme **gen** 減 qui signifie *diminuer* et du terme anglais « page ». Il s'agit donc d'une diminution du nombre de **pêji** ページ, *pages*, d'une série publiée dans un magazine du fait que l'auteur n'a pu terminer son quota habituel dans les délais.

◆ 月産○枚
**gessan marumai**
*X pages produites par mois*

Nombre de pages dessinées par mois par un auteur. Cela permet d'évaluer sa quantité de travail et sa productivité. Un magazine hebdomadaire **shônen** 少年 par exemple, compte en moyenne 19 pages pour une série. Par mois, cela fait 4 x 19 pages soit une production mensuelle de 76 pages. Certains auteurs, qui travaillent pour plusieurs magazines, ont ainsi une production mensuelle qui peut atteindre jusqu'à 200 pages ! C'est un chiffre vraiment renversant.

Un **mangaka** 漫画家 qui prépublie une série dans un magazine mensuel ou hebdomadaire, fournit un travail titanesque. Même s'il est entouré d'assistant/s et de son éditeur, il fait souvent face à son bureau de longues heures dans la journée… et la nuit.

## LUI ARRIVE-T-IL DE SE REPOSER ?

漫画家のバカンス

*mangaka no bakansu*

*les vacances de l'auteur de manga*

Un auteur qui a une série dans un magazine n'a pour ainsi dire jamais de jour de repos. C'est particulièrement le cas pour un auteur qui publie dans les hebdomadaires, il doit produire en continu plus d'une dizaine de pages chaque semaine. Les seules périodes où il peut prétendre à quelques jours de repos sont au moment du **obon** お盆 (la *fête des morts*, mi-août), et des fêtes de fin et début d'année. À ces périodes, les imprimeries ferment. Il devient donc impossible de publier les magazines. Les éditeurs et les auteurs prennent alors leurs congés. Certains partent en vacances. Cependant, dans la réalité, nombreux sont les auteurs qui profitent de cette période, où ils n'ont pas de planches hebdomadaires à rendre, pour dessiner des planches couleur ou tenter de rattraper leur retard. Un des seuls moments où les **mangaka** 漫画家 peuvent s'arrêter de travailler est à la fin d'une série, avant que la suivante ne commence. Mais, ils ont quand même en tête la mise en place de la prochaine histoire ! Et les rares occasions où ils partent en voyage, ils ne peuvent s'empêcher de chercher des idées de manga (des **neta**, ネタ). Finalement, il leur est très difficile de se reposer complètement. Tant qu'ils ne sont pas à la retraite, les **mangaka** 漫画家 ne sont jamais vraiment en vacances…

編集者

# L'éditeur

# 編集者

# L'ÉDITEUR

Être un **henshûsha** 編集者, *éditeur de manga* est considéré comme une profession à part entière même chez les éditeurs. Quelles sont leurs techniques professionnelles pour réussir à avancer un projet en ne faisant qu'un avec l'auteur ? Pourquoi l'**oritatamigasa** 折りたたみ傘, *le parapluie pliable*, est-il un des accessoires indispensables ? Vous saurez tout de ce métier discret mais essentiel dans la création d'un **manga** 漫画 !

## 「マンガ」編集者という仕事
## Le corps de métier d'éditeur de manga

Les auteurs et leurs éditeurs ont souvent une relation qui dépasse la sphère professionnelle car la création d'une œuvre nécessite une grande implication. La manière dont l'auteur qualifie son éditeur en dit long sur leur rapport...

編集者 **henshûsha** *l'éditeur* ◆ Personne chargée de l'édition des revues ou des livres. Elle planifie et propose le contenu de ce qui va être publié, se charge des ressources et des intervenants indispensables. Certains appartiennent de manière exclusive à la rédaction d'une maison d'édition et d'autres sont indépendants. Ces derniers se font plus rares. Néanmoins, tous sont en charge d'un auteur, ils le soutiennent et l'accompagnent dans la réalisation du **manga** 漫画 pour que tout se passe dans les meilleures conditions et dans des délais raisonnables. En général, ils ne s'habillent pas avec le costume classique de l'employé de bureau japonais. La plupart des éditeurs portent une tenue plus décontractée, telle un jean. Les **henshûsha** 編集者, *éditeurs de manga*, fréquentent des auteurs qui sont une catégorie de créateurs très particuliers. Ils développent une relation singulière.

Appellation de l'éditeur attitré d'un auteur que ce soit un romancier ou un auteur de **manga**.

◆ 担当、担当さん
**tantô, tantô san**
*l'éditeur,*
*monsieur l'éditeur*

Personne la plus proche de l'auteur. Ils réfléchissent ensemble aux idées de l'œuvre. Le **tantô henshûsha** 担当編集者 effectue des recherches de documentation. Il est là pour résoudre les problèmes professionnels mais aussi personnels. Il peut accourir en pleine nuit. Pendant qu'un auteur a une série en cours dans un magazine, il ne fait qu'un avec lui. De plus, nombreux sont les auteurs de **manga** 漫画 qui n'apparaissent pas en public ; l'éditeur attitré peut alors se montrer

◆ 担当編集者
**tantô henshûsha**
*l'éditeur attitré*

La rédaction du magazine de manga *Monthly Afternoon* : un espace séduisant pour les fans remplis de produits dérivés des séries.

## 「カトリーヌ先生の日本語講座」
## Les leçons de japonais de Catherine sensei

Dans l'usage japonais, on emploie rarement un nom propre de personne – nom de famille ou prénom –, sans suffixe. Et cela aussi bien si on s'adresse directement à une personne que si l'on parle d'elle à un tiers. Le plus connu, courant et neutre est **san** さん. On dit souvent qu'il équivaut à : Monsieur, Madame, Mademoiselle, mais c'est trop restreindre sa véritable étendue. Il suit le nom ou le prénom d'un enfant, le prénom d'un adulte (ce qui n'est pas le cas en français), un nom de fonction aussi parfois : **tantô san** 担当さん, *mon éditeur* ; **ashi san** アシさん / **ashi chan** アシちゃん, *mon assistante*. Ensuite, selon la relation entre les locuteurs, il y a de nombreuses autres possibilités. Pour marquer le respect, on utilisera **sama** さま après le nom de famille. Ce même **sama** さま pourra s'employer pour se moquer de quelqu'un qui se prend un peu trop au sérieux. Deux suffixes servent à indiquer une relation familière, dans la famille, à l'école, entre copains/copines, voire entre collègues : **-chan** -ちゃん (*filles*), **-kun** -くん (*garçons*). Mais tout cela peut devenir bien subtil. **ashi chan** アシちゃん ne s'emploie que de la part d'une **mangaka** 漫画家 à propos de son assistante femme, et seulement pour parler d'elle... Jouant le même rôle que ces suffixes, on peut ranger dans la même catégorie des mots désignant des fonctions. **sensei** 先生, *professeur*, très utilisé, pour toute personne dispensant un enseignement, de la maternelle à l'université, pour le professeur d'un cours de cuisine, de couture, etc., et pour le corps médical. On peut encore citer dans le milieu professionnel : **buchô** 部長, *directeur* ; **kachô** 課長, *chef de service*...

Si je prends mon cas personnel, on parle ou on s'adresse normalement à moi en disant **garunie san** ガルニエさん, *Mme Garnier*. Mais j'ai droit aussi à **katorînu san** カトリーヌさん, de la part de mes amies japonaises ; **garunie sensei** ガルニエ先生, de la part de mes collègues, des étudiants ou de toute personne qui connaît ma profession. Je sais que mes étudiants au Japon m'appelaient dans mon dos : **garuchan** ガルちゃん ! Je n'ai jamais (pas encore...) eu le droit à **-sama** -さま ! Dans une entreprise j'aurais pu être appelée **garunie buchô** ガルニエ部長, ou **garunie kachô** ガルニエ課長, selon ma place dans la hiérarchie.

dans les médias à leur place et être appelé lors des promotions. Ces dernières années, dans le cadre de l'adaptation en dessin animé ou en série fiction télévisée, il est la « fenêtre vers le monde extérieur » et négocie tout pour son auteur. Il est un peu l'équivalent d'un manager. Un seul éditeur peut suivre plusieurs auteurs, c'est un travail harassant. Il est important que l'auteur ait confiance en lui pour bâtir une bonne relation. Il arrive parfois que leur incompatibilité de caractères permette de confronter des avis différents et que l'un trouve des idées ou qu'il perçoive un point de vue auquel l'autre n'aurait pas pensé. Cela peut engendrer un chef-d'œuvre. Il arrive que dans son œuvre l'auteur cite des propos amusants de son **tantô henshûsha** 担当編集者, ou dessine des choses pour se moquer de lui. Ainsi, il arrive que certains éditeurs deviennent célèbres et incarnent même des personnages appréciés par le public. Un auteur à succès a un **tantô henshûsha** 担当編集者 dans chaque maison d'édition, même s'il n'a encore jamais publié chez elle. Cet éditeur tente alors de bâtir une relation avec l'auteur visé, sur plusieurs années, dans l'espoir qu'un jour, il accepte d'être publié dans sa maison d'édition.

TORISHIMA Kazuhiko était l'éditeur attitré de TORIYAMA Akira pour le magazine *Shûkan Shônen Jump*. Il apparaît dans le manga délirant du *Dr. Slump*, qui raconte l'histoire d'un androïde fille, sous les traits du Dr. Mashirito.

◆ 編集長
**henshûchô**
*le rédacteur en chef*

Le plus haut responsable – désigné par le terme **chô** 長 – de la *rédaction* (**henshû** 編集). C'est lui qui décide de la nature de la revue et de son orientation. Dans le cas d'une revue manga, chaque auteur a un éditeur attitré, mais c'est le rédacteur en chef qui vérifie toutes les planches et qui décide si le **manga** 漫画 sera publié ou non. Même si l'auteur et l'éditeur attitré se donnent du mal, tant que le rédacteur en chef ne valide pas, aucune publication n'est engagée. Il joue un rôle crucial car il décide également de l'arrêt de publication.

編プロ ◆ **henpuro** *la « prod' édito »*

Abréviation de **puro** プロ (« production » en anglais) et de **henshû** 編集, *rédaction éditoriale*. D'ordinaire, la préparation éditoriale d'un magazine ou d'un livre est réalisée par l'équipe éditoriale de la maison d'édition, ou par l'éditeur indépendant s'il travaille en freelance. Les employés de ce service, ou l'éditeur à son compte, est chargé d'aider et soutenir l'auteur dans la phase de création pour pouvoir obtenir un manuscrit en bonne et due forme, et dans les meilleurs délais. Commence ensuite le travail de préparation éditoriale pour que la publication soit prête dans les temps et dans les normes de la maison d'édition et les normes éditoriales du pays. Toutefois, avec le manque de main d'œuvre récent dans ce domaine, il arrive souvent qu'on fasse appel à un prestataire extérieur : une structure éditoriale indépendante. Dans le cas d'un **manga** 漫画, une revue entière peut-être confiée, par auteur ou par série.

マネージャー ◆ **manêjâ** *le manager*

Le terme est issu du mot anglais « manager ». Personne qui gère le planning et le roulement des assistants. Il s'occupe des tâches administratives. Le manager intervient lorsque l'auteur a une charge de travail, une équipe de travail et une notoriété tellement importantes que lui-même et/ou son éditeur attitré qui s'en chargeait jusqu'alors sont dépassés. En effet, un auteur à succès peut vite se retrouver débordé par les événements médiatiques. De plus, en dehors de la production, il y a les interviews, les adaptations et produits dérivés en tout genre à gérer. Le manager peut alors s'avérer précieux.

Ainsi, le métier d'éditeur de **manga** 漫画 peut prendre des formes différentes. Cela reste un métier à part, notamment en raison de la proximité avec les auteurs.

描かせるのが使命

## Sa mission : faire dessiner les mangaka

La vie d'un éditeur est donc rythmée par la façon de travailler de son auteur, de la remise du manuscrit à la publication. Au Japon, il prend part à la vie personnelle de son **mangaka** 漫画家. En plus des réunions, qui lui permettent de travailler avec l'auteur sur la ou les séries en cours et le conseiller sur son travail, il n'hésite pas à se rendre au domicile de son protégé pour être sûr de respecter au mieux les délais de publication.

◆ 打ち合わせ
**uchiawase**
*la réunion entre un auteur et son éditeur attitré*

Réunion entre l'auteur et l'éditeur en face à face, et plus rarement au téléphone. Le **manga** 漫画 est créé par l'auteur. Cependant, dans la plupart des cas, dans le processus de création, il prend en compte l'avis de l'éditeur, qui connaît bien les tendances de la revue dans laquelle la série est prépubliée, ainsi que les attentes des lecteurs. L'œuvre prend forme lors des réunions avec l'éditeur attitré. Il arrive qu'ils parlent pendant de longues heures, notamment lorsque l'œuvre n'en est qu'à ses premiers balbutiements, pour en fixer les bases, et également, lors de la réalisation du story-board. En effet, l'éditeur attitré donne son avis et échange avec l'auteur pour rendre l'histoire encore plus intéressante.

Les restaurants sont souvent utilisés pour les réunions entre un **mangaka** 漫画家 et son **tantô henshûsha** 担当編集者.

ファミレス（ファミリーレストラン）
**famiresu (famirî resutoran)**
*la cafétéria*

◆ Abréviation des termes anglais « family » et « restaurant ». Ce sont souvent des chaînes de restaurants populaires fréquentés par les familles. Ce genre d'établissement est généralement ouvert 24 heures sur 24 ; pratique donc pour les réunions entre un auteur et son éditeur attitré. C'est un lieu idéal également pour l'artiste, il peut y venir réfléchir seul à un story-board jusque tard dans la nuit et se servir de plats et de boissons non alcoolisées à volonté.

Lors des réunions entre nos deux protagonistes, il arrive que l'éditeur ne soit pas d'accord avec les propositions de son auteur.

また全ボツくらっちゃったよ……
もう漫画家やめようかな。」

*« mata zenbotsu kuracchatta yo...*
*mô mangaka yameyô ka na. »*

« J'ai encore eu un refus total...
Je vais peut-être arrêter d'être mangaka. »

Le fait qu'un projet ou des planches d'un auteur soit refusé. Ce terme est souvent employé quand un éditeur juge que les planches ne sont pas d'un niveau suffisant pour être publiées. Il est très rare que des planches terminées soient refusées. L'éditeur refuse souvent au stade du **nêmu** ネーム, *story-board*. Il arrive que l'artiste perde sa motivation quand il essuie plusieurs refus successifs. C'est également difficile s'il doit redessiner son manga quand la date de remise des planches est proche. Certains éditeurs sont craints car ils n'hésitent pas à lancer des **botsu** ボツ. Toutefois, les éditeurs prononcent rarement ce terme devant les auteurs. Ils indiquent les passages qui posent problème et expliquent leurs attentes à l'auteur sur la manière dont le **manga** 漫画 doit être dessiné. Ce sont plutôt les auteurs eux-mêmes qui emploient le terme **botsu** ボツ. Quand un chapitre entier est refusé, c'est le **zenbotsu** 全ボツ, *le refus total*.

ボツ
**botsu**
*le refus*

Lors de ses rencontres, *l'éditeur*, **henshûsha** 編集者 donne rendez-vous à l'extérieur, mais peut aussi se rendre directement à l'atelier ou chez son auteur, n'hésitant pas à l'amadouer d'une douceur ou deux !

Gâteaux ou repas que l'*éditeur attitré*, **tantô henshûsha** 担当編集者 apporte quand il rend visite à l'auteur qui travaille dans son atelier. Dans le cas d'un auteur qui est difficile en matière de nourriture, c'est le bon goût de l'éditeur qui est en jeu. Il ne peut pas prendre les choses à la légère. Si l'éditeur attitré s'occupe d'une auteure, il apporte souvent les pâtisseries qui sont à la mode. À l'approche de la date de remise des planches, l'éditeur

差し入れ
**sashi ire**
*l'encas*

attitré fait attention à ne pas faire perdre de temps à l'auteur en l'incitant à faire une pause pour boire un thé et déguster 差し入れ **sashi ire**, *l'encas*. Il lui offre alors des choses que l'auteur peut manger d'une seule main tout en dessinant.

Seulement, en rendant visite à un auteur, il faut se préparer à la possibilité de trouver porte close…

居留守を使う **irusu o tsukau** *faire semblant d'être absent*

◆ Il s'agit d'un auteur qui ne répond ni aux appels téléphoniques, ni à la sonnette de l'interphone de son **shigotobeya** 仕事部屋, *atelier*. Il arrive souvent qu'il utilise ce subterfuge quand il a dépassé la date de remise des planches. L'éditeur attitré est habitué aux manigances de l'auteur et sait quand il fait semblant de ne pas être là. Avec l'arrivée des nouvelles technologies dans notre quotidien, c'est dorénavant à l'auteur de se méfier de son éditeur (rusé) qui dispose désormais des réseaux sociaux, tels que Twitter® pour essayer de le localiser.

L'éditeur doit donc bien souvent redoubler d'ingéniosité pour faire dessiner son auteur dans les temps, et ainsi récupérer les planches à la date prévue.

しめきり **shimekiri** デッドライン **deddorain** (ou デッド **deddo**) *la date limite de remise des planches*

◆ **deddorain** デッドライン et **deddo** デッド son abréviation, viennent de l'anglais et correspondent au jour où l'auteur doit remettre les planches originales de son œuvre à son éditeur. Plus ce jour approche, plus l'auteur est occupé. Dans le processus de création, il y a de nombreuses tâches à effectuer et il arrive que l'auteur ne parvienne pas à avancer. Cependant, l'existence de cette date de remise des planches est une motivation pour dessiner. Très souvent,

L'étui pour planche. Dans les transports, l'éditeur le garde précieusement sur ses genoux pour ne pas l'oublier !

l'auteur n'arrive pas à tenir la date de remise des planches, les quelques exceptions sont si rares qu'elles deviennent connues dans le milieu. Pour se doter d'une marge, l'éditeur donne donc à l'auteur une date de rendu qui n'est pas forcément la date limite réelle. Cependant, cette petite machination ne dure qu'un temps, l'auteur s'en doute évidemment très rapidement, et certains auteurs expérimentés demandent donc à leur éditeur la vraie **deddorain** デッドライン pour tenter de grappiller quelques jours. Un jeu de pouvoir s'installe alors entre l'auteur et l'éditeur. Il arrive qu'un auteur demande secrètement à un autre, qui dessine une série pour la même revue, les délais impartis, pour pouvoir se faire une idée du précieux temps qu'il peut essayer de gagner. Espérant que l'éditeur ait donné la vraie date butoir à son compère, ces auteurs redoutables veulent ainsi négocier et rallonger de quelques jours le compte à rebours !

Les journées de l'éditeur ne se passent donc pas toutes au bureau avec des horaires fixes, mais plutôt à courir après leur « protégé » et leurs précieuses planches !

昼出社、午後出社
**hiru shussha, gogo shussha**
*Venir au bureau à midi, venir au bureau dans l'après-midi*

◆ À la différence d'un employé de bureau classique, un éditeur attitré arrive en général au *bureau* (**kaisha** 会社) après l'heure du déjeuner. C'est parce qu'il travaille en s'adaptant aux heures tardives de son auteur. Il rentre chez lui à l'aube, dort quelques heures et vient au bureau dans l'après-midi.

Étant souvent de sortie, tout éditeur qui se respecte porte un costume certes, mais surtout...

折りたたみ傘
**oritatamigasa**
*le parapluie pliable*

◆ La plupart des éditeurs de bandes dessinées en ont toujours un sur eux pour que les précieuses planches confiées par l'auteur ne prennent pas l'eau.

原稿入れ
**genkôire**
*l'étui pour planches*

◆ C'est un étui dans lequel l'éditeur range les planches récupérées auprès de l'auteur sans risquer de les plier. Il n'est pas exclusivement réservé pour les planches. En général, les éditeurs utilisent un étui de couleur noire au format B4 avec une poignée.

**Vous connaissez désormais l'organisation et les objets indispensables aux éditeurs. Tout cela est au service d'une seule cause : la production et la publication.**

# Comment se construit un manga ?

# マンガはこうして作られる

マンガはこうして作られる

# COMMENT SE CONSTRUIT UN MANGA ?

À l'origine du **manga** 漫画, une étincelle dans la tête de l'auteur ! Dans leur tête, il y a toujours des « antennes » qui sont sensibles aux informations susceptibles de devenir des **neta** ネタ , *idées* (pour leur création).

まずはここから

## Là où tout commence

Les idées du **manga** 漫画. Les auteurs s'imprègnent de la rue, de la société, de leur quotidien, de leur entourage, du contexte en stockant toutes sortes d'informations et de moments capables d'être source d'inspiration. Les « antennes » toujours à l'affût, à l'image des fourmis, les auteurs sont sensibles à tout ce qui les entoure, et aux informations susceptibles d'être exploitées dans leur création. Certains auteurs ont toujours un cahier de notes sur eux pour y inscrire leurs idées. Malheureusement, ils ne sont pas à l'abri des pannes d'inspiration.

« … j'ai envie de raconter des petits riens de la vie quotidienne […] une histoire peut apparaître même dans les plus banals événements du quotidien. C'est à partir de ces moments infimes que je crée mes mangas. »

TANIGUCHI Jirô. Entretien avec Jean-Philippe Toussaint dans le numéro 23 de Castermag, été 2008.

「カトリーヌ先生の日本語講座」

## Les leçons de japonais de Catherine sensei

**manga** 漫画
La clé de l'eau pour le caractère 漫 est plutôt surprenante, pour entrer dans la composition d'un mot qui désigne aujourd'hui un livre... À l'origine **man** 漫 signifie *de l'eau, que de l'eau, de l'eau à l'infini*. De là ensuite le sens de *sans limite, sans restriction, sans retenue*. En d'autres termes : « on se lâche à fond ». C'est donc tout ce qui dépasse les limites du bienséant, de l'acceptable, qui est comique jusqu'à la provocation. Ce qui est drôle c'est que **ga** 画 au contraire veut dire à l'origine *enfermer dans des limites* — d'où *tracer un trait autour*, d'où *écrire des caractères*, ou *dessiner*. Finalement il s'agit donc d'enfermer dans des limites graphiques un contenu qui va au-delà de toutes les limites du convenable.
Aujourd'hui le terme **manga** désigne une réalité beaucoup plus sage, dans la plupart des cas. Mais il n'est pas impossible de trouver quelques cas où l'étymologie reste vraie ! Ce mot a été utilisé dès la fin du XVIIIe siècle pour désigner des recueils de croquis dont les plus célèbres demeurent ceux du peintre KATSUSHIKA Hokusai, connus sous le titre de « *La Manga* ». Il s'agit de centaines de croquis publiés en carnets à partir de 1814 et représentant, pris sur le vif, des objets, des personnages en pleine action, des éléments naturels, tout ce qui fait la vie quotidienne la plus simple. Mais aussi le monde surnaturel : animaux fantastiques, fantômes... Les sujets sont traités de façon très libre, souvent avec une bonne dose d'humour, parfois proche de la caricature. Ces carnets ont rencontré tout de suite un énorme succès. Le terme sera repris à la fin du XIXe pour traduire le mot anglais « comics » et désigner les bandes dessinées (en particulier des caricatures), qui paraissent alors dans certains journaux, à l'imitation des États-Unis. Il est aujourd'hui utilisé pour désigner plutôt la production de bandes dessinées japonaises.

En japonais, **neta** ネタ signifie également « ingrédients » de sushi 寿司.

Une fois les idées trouvées, l'auteur doit ensuite les organiser afin de pouvoir les articuler dans une histoire. Ces éléments peuvent également servir de document de travail pour échanger avec l'éditeur sur l'œuvre.

設定 ◆ **settei** *les éléments établis*

Tous les éléments établis au début de l'histoire. C'est un document essentiel où sont mentionnées les informations sur les **kyarakutâ** キャラクター, *personnages*, leur situation, leur environnement, mais aussi le développement de l'histoire à court et moyen terme. L'auteur et l'éditeur se mettent d'accord sur ces fondements avant de commencer la série. Pour certains ouvrages, la fin est même déjà établie. Parfois, figurent dans les pages supplémentaires des versions « comics » les **settei** 設定, *éléments établis* à l'origine (c'est-à-dire avant le début de la série), et ce qui a été finalement retenu. On voit ainsi l'évolution d'une idée.

Les **settei** 設定 servent donc à planter le décor pour que le synopsis puisse voir le jour.

プロット ◆ **purotto** *synopsis*

De l'anglais « plot », résumé très succinct de l'histoire. Il doit renseigner sur la situation, les personnages et l'intrigue. En le lisant, on doit savoir également de quel type d'ouvrage il s'agit. Par exemple, le **purotto** プロット de *Dragon Ball* serait : « Un jeune garçon avec une queue de singe décide d'aller en quête de Dragon Balls, 7 boules de cristal qui une fois réunies permettent d'exaucer n'importe quel vœu. Il est accompagné d'une jeune fille, rencontrée en chemin, et qui poursuit le même objectif. Ils vont vivre des péripéties et se battre contre de nombreux adversaires redoutables. »

Une fois le synopsis terminé, il faut alors s'attaquer au story-board, et laisser ainsi place à l'imagination du dessinateur. Une fois l'histoire écrite, place aux bulles !

「まんがはネタ探しから。」
*« manga wa neta sagashi kara. »*

« Quand on démarre un manga, il faut commencer par chercher des idées. »

ここが肝心
## Le plus important

Lorsque l'on crée une bande dessinée, le plus important est la réalisation du **nêmu** ネーム, ou **rafu** ラフ : *le story-board*. En un coup d'œil, il permet de voir comment se développe l'histoire…

Ces deux termes viennent de l'anglais « name » et « rough ». Le sens des mots est un peu détourné de leur sens originel puisqu'ils désignent tous deux, dans le jargon manga, un document qui définit la répartition et la taille des cases ainsi que la disposition des personnages sur les planches. C'est un peu l'équivalent du story-board au cinéma. Les répliques et la narration sont aussi mentionnées. Ce stade nécessite énormément de concentration pour les auteurs. C'est un travail déterminant qui va décider de la réussite ou non de l'ouvrage. Quand l'auteur a terminé le **nêmu** ネーム (ou le **rafu** ラフ – mais l'usage a fait du premier terme le mot le plus couramment utilisé), il programme une réunion avec son éditeur. Si le **nêmu** ネーム est accepté, il peut passer à l'étape du dessin. Selon les auteurs, il est plus ou moins détaillé. Certains ne font que des ronds pour signaler un personnage et les bulles, alors que d'autres dessinent même leurs expressions.

◆ ネーム、ラフ
**nêmu, rafu**
*le story-board*

C'est rare mais **nêmu** ネーム peut désigner parfois uniquement les répliques.

Une autre partie technique avant de laisser libre cours au dessin, consiste à réfléchir à la disposition des cases et leur nombre.

コマ割り ◆ **komawari** *le découpage*

Manière de découper l'histoire dans les cases sur une planche. Le découpage permet de poser un rythme de lecture, et met en avant les scènes importantes avec des **ôgoma** 大ゴマ, *grandes cases* par exemple. À la différence de la bande dessinée, la forme et la taille des cases sont très différentes les unes des autres. Les **essei manga** エッセイマンガ, *manga d'essai* ou **yonkoma manga** 4コママンガ, *manga en 4 cases* ont souvent un découpage régulier alors que dans les *manga d'action* (**shônen** 少年), le **komawari** コマ割り, est plus dynamique et différent selon les pages.

## 作画
## Le dessin

Une fois que le **mangaka** 漫画家 a toutes les cartes en main, il ne lui reste plus qu'à trouver l'inspiration, essentielle à l'élaboration de son œuvre. Différentes étapes sont encore nécessaires à la réalisation des planches. Toutefois, l'essentiel étant déjà déterminé, il s'agit davantage d'une application.

下描き ◆ **shitagaki** *le crayonné*

**manga** 漫画 dessiné au crayon sur la planche définitive, différente du papier utilisé pour le **nêmu** ネーム. C'est le premier jet. L'auteur peut reprendre plusieurs fois ces traits jusqu'à obte-

# Les étapes de la réalisation de la couverture : crayonné, encrage et finitions.

ラフ
**rafu**
*les propositions*

Junko Kawakami propose deux idées de couvertures. Il n'y a qu'un **rafu** pour une illustration, mais un manga en comportera plusieurs pages. Après avoir tracé au crayon sur la planche définitive, on repasse les traits à l'encre.

下描き～ペン入れ
**shitagaki – pen.ire**
*crayonné et encrage*

仕上げ
**shiage**
*les finitions*

Après le remplissage de noir, l'application des trames, le **shiage** est terminé ! Pour un manga, il faut effectuer ces finitions pour chaque case à toutes les pages, ce qui représente une somme de travail phénoménale.

nir le bon dessin. Certains auteurs ne font pas de **shitagaki** 下描き et dessinent directement sur la planche, en plaçant sous leur planche le **nêmu** ネーム sur la table lumineuse.

ペン入れ ◆ **pen.ire** *l'encrage*

Ce terme est composé de l'anglais « pen », crayon, et du terme « ire » qui signifie « *intégrer* ou *mettre* ». Passage à l'encre des traits du crayonné pour une version définitive de l'ouvrage. Quand il y a plusieurs traits au crayon, il faut faire attention, et suivre le bon. Les auteurs sont très attachés à leur plume pour l'encrage car il existe différents types d'embout, plus ou moins durs, qui donnent des traits différents et qui glissent plus ou moins bien sur le papier (que nous découvrirons dans une prochaine rubrique !).

仕上げ ◆ **shiage** *les finitions*

Après l'étape de **pen.ire** ペン入れ, *l'encrage*, on passe aux **shiage** 仕上げ, *finitions*. Il s'agit principalement de faire du **beta** ベタ, *remplissage de noir*, de gommer, de coller des trames et d'appliquer du **howaito** ホワイト, *encre blanche*. Par manque de temps, de nombreux auteurs confient les finitions à leurs assistants.

Dessiner est un travail colossal. Certains comparent leur création à la réalisation d'un long-métrage. Toutefois, dans le cas d'un **manga** 漫画, l'auteur porte toutes les casquettes, celle du réalisateur, du scénariste, du costumier, du décorateur – même s'il dispose d'assistants... Il a besoin d'une discipline de fer afin d'atteindre son objectif : rendre ses planches dans les délais impartis.

# 漫画家の一日

# Une journée type d'un auteur de manga

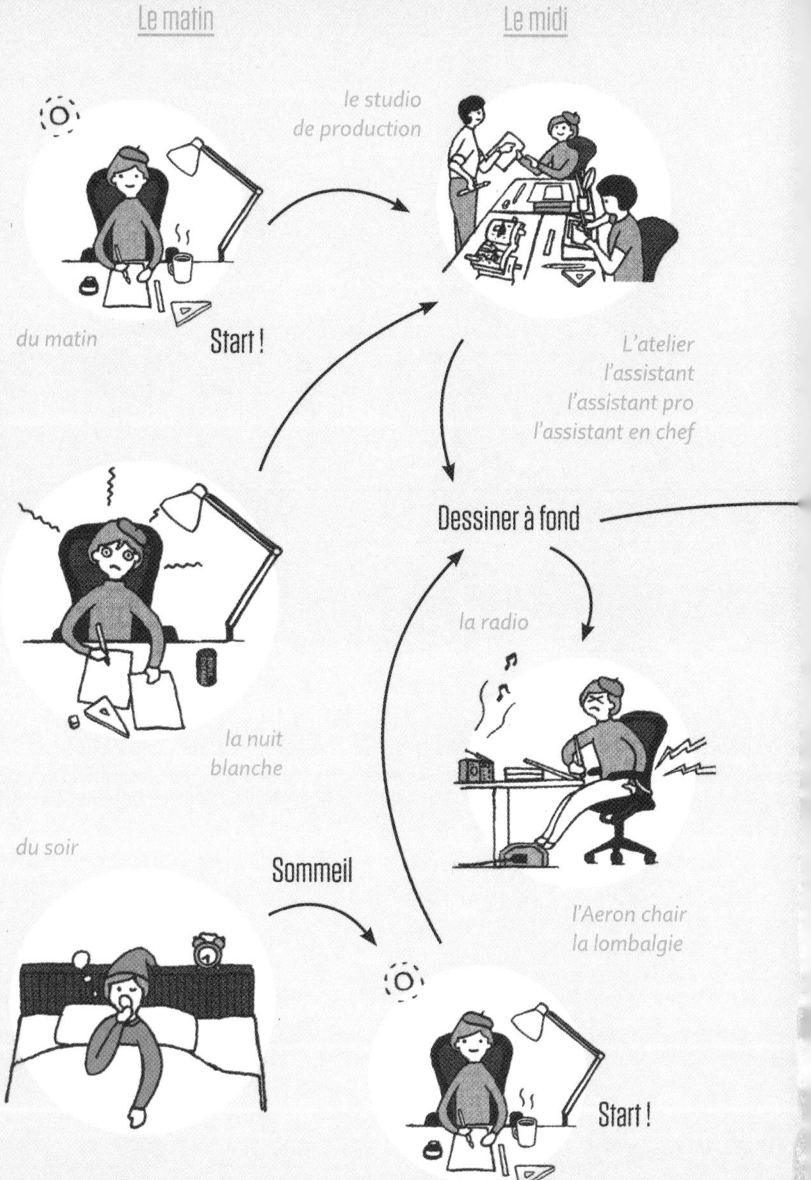

Le matin
Le midi
le studio
de production
du matin
Start !
L'atelier
l'assistant
l'assistant pro
l'assistant en chef
Dessiner à fond
la radio
la nuit
blanche
du soir
Sommeil
l'Aeron chair
la lombalgie
Start !

## Le soir

*le repas livré*

*l'assistant pour les repas*

**Urgence !**

*en boîte*

## La nuit

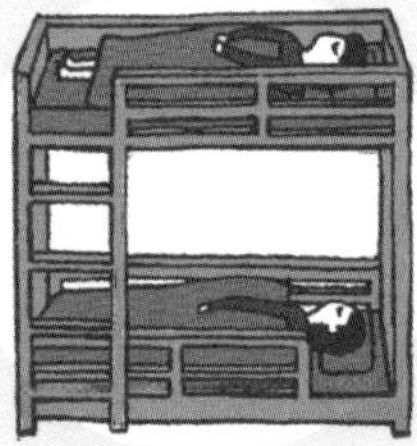

*le lit à double étage*

*la sieste*

**Dessiner encore et encore...**

# Une journée type d'un auteur de manga
# 漫画家の一日

漫画家の一日

# UNE JOURNÉE TYPE D'UN AUTEUR DE MANGA

Par où un **mangaka** 漫画家 commence-t-il son travail ? Que mange-t-il le matin ? Quel genre de journée passe un auteur, juste avant de remettre ses planches – du lever au coucher (s'il a le temps de dormir !) ? Explication commentée en dessins !

朝から晩まで

## Du matin au soir

La journée type du **mangaka** 漫画家 n'est pas la même selon qu'on a à faire à un oiseau de nuit ou à quelqu'un qui a besoin d'être réglé comme du papier à musique. En effet, comme tout le monde, le **mangaka** 漫画家 est plus ou moins efficace selon le moment de la journée.

朝型 **asagata** *du matin* ◆ Personne capable d'être pleinement active et efficace dès le matin. Chez les auteurs, ce sont souvent des **beteran** ベテラン, *vétérans*. Même si certains sont « *du matin* » (**asa** 朝) de nature.

夜型 **yorugata** *du soir* ◆ Personne qui commence à être active en fin d'après-midi. Celle qui n'a pas besoin de se rendre tôt au bureau, est souvent « *du soir* » (**yoru** 夜). Elle parvient mieux à se concentrer la nuit. Elle se réveille en fin de journée, travaille la nuit et dort le jour.

Fait de rester éveillé une grande partie de la nuit (**tetsuya** 徹夜). Le **kantetsu** 完徹 est une nuit sans aucun moment de sommeil. Il est fréquent qu'un auteur qui est proche de la date de rendu des planches soit obligé de passer des nuits blanches.

◆ 完徹、徹夜
**kantetsu, tetsuya**
*la nuit blanche totale,*
*la nuit blanche*

Les journées sont donc bien chargées, surtout à l'approche de la **deddorain** デッドライン ! Heureusement qu'il peut compter sur son éditeur pour lui mettre la pression ! Malgré tout, il peut trouver du réconfort auprès de ses assistants (s'il en a), ou en s'évadant quelques instants au cours de la journée, en écoutant la **rajio** ラジオ, *radio* par exemple. C'est un média très utilisé par les auteurs de **manga** 漫画.

Issu de l'anglais « radio ». Lors des étapes de travail où la concentration est essentielle, notamment pour l'écriture du story-board, tout ce qui fait du bruit est proscrit. Notamment, tout ce qui a du sens : bavardages, paroles de chanson, émissions de télévision… Cependant, quand on entre dans la phase de dessin, la tâche est manuelle. Alors, de nombreux auteurs écoutent de la musique ou laissent défiler des images à la télévision. La **rajio** ラジオ, *radio* est un média un peu ancien, mais non désuet. Il existe des émissions de culture underground à des heures tardives (la nuit), et en direct ! Les auteurs travaillant la nuit peuvent profiter de cette programmation.

◆ ラジオ
**rajio**
*la radio*

Les **mangaka** 漫画家, ces acharnés du travail, passent jour et nuit à dessiner. Les lieux empruntés au cours de la journée en disent long.

Tous les moyens sont déployés pour que la date de remise des planches soit respectée, la journée de l'auteur et de ses assistants peut alors devenir un véritable va-et-vient entre chez lui et son atelier, voire pire !

カンヅメ ◆ **kanzume** *en boîte*

Si, à l'approche de la date de remise des planches, ces dernières risquent de ne pas être terminées à temps, il arrive que l'éditeur sorte l'artiste de son atelier et l'enferme dans une chambre d'hôtel, ou dans une pièce de la maison d'édition. Il l'autorise à n'en sortir qu'une fois le travail achevé. L'appellation **kanzume** カンヅメ – qui signifie *boîte de conserve*, vient du fait de l'enfermement subi par l'auteur. Il est pour ainsi dire « mis en boîte », comme dans une boîte de conserve.

Avant la remise des planches, les pauses se font donc rares, le sommeil aussi. C'est souvent à ces périodes que les assistants sont appelés à la rescousse pour effectuer les tâches de finalisation. Pour survivre malgré le rythme soutenu, voici quelques astuces...

仮眠 ◆ **kamin** *le petit somme*

*Sommeil* (**suimin** 睡眠) très bref. Généralement, juste avant la remise des planches, l'auteur et ses assistants n'ont plus le temps de dormir pour de bon. Ils leur arrivent de dormir sur leur *chaise*, **isu** 椅子, par tranches d'environ dix minutes, celle-ci doit par conséquent être confortable.

Lorsque les auteurs sont plus connus, d'autres lieux sont indispensables au bon fonctionnement et au confort de tous.

*Lit* (**beddo** ベッド) sur *deux* (**ni** 二) *étages* (**dan** 段) qui permet de gagner de la place. Il se trouve dans la salle de repos des assistants. Ils peuvent y dormir à tour de rôle.

◆ 二段ベッド
**nidan beddo**
*le lit à double étage*

Pièce pour travailler. En principe, il suffit d'une table pour dessiner. Quand un auteur débute, il est rare qu'il ait une pièce dédiée au travail. En général, il vit et dessine dans la même pièce. Plus tard, s'il gagne davantage d'argent, il pourra consacrer une pièce de son appartement pour y installer son atelier ou bien louer un atelier à l'extérieur.

◆ 仕事部屋
**shigotobeya**
*le bureau*

De l'anglais « production » – ou « pro » son abréviation – désigne des entreprises qui fabriquent des **manga** 漫画. En principe, un auteur travaille avec un statut d'indépendant. Toutefois, quand le volume des ventes commence à être important, certains auteurs créent leur propre structure, afin de mieux gérer les assistants en les salariant. Quand les auteurs décèdent, la société peut continuer de gérer les droits et les œuvres de l'auteur. C'est le cas par exemple de Tezuka Pro pour TEZUKA Osamu ou Fujiko Pro pour Fujiko.F. Fujio.

◆ プロダクション、〇〇プロ
**purodakushon, xxpuro**
*le studio de production*

Dans leur atelier, rares sont les **mangaka** 漫画家 qui travaillent seuls. Ils sont souvent entourés, du moins, dans les périodes de remise des planches par différentes personnes qu'il est difficile de regrouper sous la seule qualité d'assistant.

漫画家を手伝う人

## L'entourage du mangaka

アシスタント、
アシさん、
アシちゃん
**ashisutanto, ashi san, ashi chan**
*l'assistant/e*

◆ (**ashisan**, **ashichan** déformation du terme anglais « assistant ».) Personne chargée d'une partie de la fabrication de l'ouvrage. Un auteur peut dessiner son œuvre tout seul, toutefois, quand le nombre de pages est important, il est contraint de demander du renfort. L'assistant se voit confier des travaux de finitions – qui ne sont pas des parties essentielles de l'ouvrage – tels que le dessin des arrière-plans, l'insertion des trames ou du remplissage de noir. En général, les **ashisutanto** アシスタント, *assistants* se rendent à l'atelier de l'auteur quelques jours avant la date de remise des planches, quand elles sont à un stade avancé. Dans le cas d'un **puro** プロ, *studio de production*, les assistants viennent travailler tous les jours. Certains auteurs préfèrent travailler seul en effectuant les finitions à l'aide d'un ordinateur, soit parce qu'ils tiennent à tout faire eux-mêmes, soit parce qu'ils appréhendent de devoir gérer des assistants. Les auteurs surnomment leurs assistants « **ashi san** アシさん » ou « **ashi chan** アシちゃん » selon leur proximité affective.

プロアシ
**puroashi**
*l'assistant professionnel*

◆ Abréviation de l'anglais « professional assistant ». En général, les assistants sont des auteurs qui débutent dans le métier, ou des amateurs, qui aspirent à devenir **mangaka** 漫画家. Ils font ce travail pour gagner de l'argent et aussi pour apprendre. Toutefois, il arrive que des assistants ne souhaitent pas devenir auteurs eux-mêmes ou qu'ils aient renoncé à le devenir. Ils ont un niveau technique élevé et sont donc appelé des **puroashi** プロアシ.

◆ 飯スタント
**meshisutanto**
*l'assistant pour les repas*

Ce mot vient du japonais « meshi », *nourriture*, et de « stant » l'abréviation d'« assistant » en anglais. Il s'agit d'un assistant uniquement chargé de préparer les **shokuji** 食事, *repas*. C'est une personne qui ne maîtrise pas le savoir-faire technique du **manga** 漫画, ou qui débute comme assistant et qui n'est pas encore au point. Ces dernières années, dans certains ateliers, les **shokuji** 食事 sont préparés à tour de rôle par les assistants. Il arrive aussi que certains auteurs les préparent pour tout le monde pour se changer les idées. Toutefois, au Japon, il est possible de commander le **demae** 出前, *le repas livré*. La commande peut s'effectuer par téléphone ou par Internet et les plats sont livrés jusqu'à la porte. C'est un gain de temps considérable ! Seul bémol, les plats proposés même s'ils sont délicieux, sont souvent très caloriques. Donc certains auteurs préfèrent souvent cuisiner eux-mêmes, les femmes en particuliers.

◆ チーフアシ
**chîfuashi**
*chef des assistant/e/s*

Abréviation de l'anglais « chief assistant ». Le **chîfuashi**, チーフアシ, *chef des assistant/e/s* gère l'avancée du planning, donne les instructions aux assistants et crée les emplois du temps par poste. C'est le bras droit du **mangaka** 漫画家.

Malgré les aides extérieures possibles, le **mangaka** 漫画家 n'est pas à l'abri de blessures, maladies ou autres, propres à son métier, ce sont les **shokugyôbyô** 職業病, *maladies professionnelles*.

「カトリーヌ先生の日本語講座」
## Les leçons de japonais de Catherine sensei

**ashisutanto** アシスタント

En japonais :

- on ne peut pas faire se suivre deux consonnes, sauf le cas de **n** + consonne (ex : **manga** 漫画) et des consonnes redoublées (ex : **sakka** 作家 *auteur*).
- on ne peut pas non plus terminer un mot par une consonne, sauf **n**.

Quand le japonais adopte un mot étranger (la plupart du temps c'est de l'anglais américain), il doit donc insérer des voyelles dans les suites de consonnes ou à la fin des mots. Ainsi le mot *assistant* doit devenir **ashisutanto** アシスタント. C'est bien long. Et donc les Japonais ont l'habitude d'abréger, en gardant seulement les deux premières syllabes. **ashi(sutanto)** アシ(スタント) devient **ashi** アシ. En linguistique, ce phénomène s'appelle l'apocope.

Comme c'est une personne, on va s'adresser à elle ou parler d'elle en ajoutant le **san** さん comme après les noms propres : **ashi san** アシさん. Et comme c'est quelqu'un avec qui on travaille sans cesse, on va transformer le **san** さん un peu formel, en **chan** ちゃん, très familier : **ashi chan** アシちゃん.

Autres exemples de mots abrégés (racines anglaises) :

- **konbini** コンビニ pour **konbini(ensu sutoa)** コンビニ(エンスストア) « convenience store »
- **komike** コミケ pour **komi(kkumâ)ke(tto)** コミ(ックマー)ケ(ット) « comic market »
- **famiresu** ファミレス pour **fami(rî)resu(toran)** ファミ(リー)レス(トラン) « family restaurant »
- **kyara** キャラ pour **kyara(kutâ)** キャラ(クター) « caracter ».

Parfois cela peut être ambigu. **puro** プロ peut abréger :

- **puro(fesshonaru)** プロ(フェッショナル) « professional », mais aussi **puro(dakushon)** プロ(ダクション) « production ».

職業病

## Les risques du métier

Les dessinateurs comme les écrivains mettent leurs mains à rude épreuve. Très sollicitées, elles sont leur outil de travail principal, on peut ainsi dire que leur métier est manuel au sens étymologique !

Là ou un auteur peut écrire dans tout lieu où il se trouve au moment de l'inspiration (à condition bien sûr de disposer de quoi écrire), le dessinateur doit disposer d'un équipement qui l'immobilise des heures à un bureau !

Les **mangaka** 漫画家 doivent donc prendre soin de leurs **te** 手, *mains*... et de leur **senaka** 背中, *dos* ! Sans quoi, ils ne sont pas à l'abri de :

Les auteurs, qui restent de longues heures assis, ont souvent des maux de dos chroniques de type **yôtsû** 腰痛, *lombalgie*. C'est une vraie maladie professionnelle.

◆ 腰痛
**yôtsû**
*la lombalgie*

Pour éviter la lombalgie, s'équiper d'une chaise confortable est primordial... mais souvent inabordable !

Modèle de chaise de bureau de luxe, **âron chea** アーロンチェア, *Aeron Chair*. Elle est fabriquée par la marque américaine Herman Miller. Son design est conçu pour ne pas fatiguer le dos. Elle a beaucoup de succès auprès des personnes qui travaillent de longues heures assises comme les auteurs. Son prix étant élevé, les auteurs débutants peuvent rarement se l'offrir.

◆ アーロンチェア
**âron chea**
*Aeron chair*

腱鞘炎 ◆ **kenshôen** *la tendinite*

Ce n'est pas aussi douloureux qu'une lombalgie, mais c'est un mal handicapant, répandu chez les auteurs. Le fait de tenir durant de longues heures le porte-plume sollicite beaucoup la main et le poignet.

# Comment devenir un auteur de manga ?

漫画家になる方法は？

漫画家になる方法は？

# COMMENT DEVENIR UN AUTEUR DE MANGA ?

Au Japon, c'est une des professions qui arrivent toujours en tête du classement des métiers que veulent faire les enfants quand ils seront grands.

Une chose importante, comme le titre le suggère, est qu'on n'apprend pas à être **mangaka** 漫画家, on le devient !

*Bakuman* est réalisé par les auteurs de *Death Note*, qui illustre bien comment devenir **mangaka**, 漫画家. À lire ou relire sans modération !

Voici maintenant un parcours concret que vous pouvez suivre, si vous souhaitez devenir un auteur de **manga** 漫画 ! Plusieurs options s'offrent à vous...

« Shûjin et moi avons eu la confirmation que nous n'étions pas dépourvu de talent, que nous étions encore sur la route qui mène à notre rêve et que nous avons fait un pas de plus vers lui. »
Extrait *Bakuman*, tome 3
(septembre 2010)

自分から作品を売り込む

## En présentant ses œuvres

Il s'agit d'un concours destiné aux jeunes auteurs qui n'ont pas encore débuté en tant que professionnels. Dans le cas du **manga** 漫画, il en existe beaucoup – environ un par magazine ou un par maison d'édition. La récompense n'est pas forcément la même selon le concours. Il existe des prix limités à un seul genre, comme la science-fiction ou la fantasy. L'auteur qui remporte un prix se voit attribuer une rétribution.

◆ 新人賞
**shinjinshô**
*le concours jeune talent*

(Les grands prix sont en général pour le 1er = environ 7 500 euros, le 2e = 3 250 euros, et le prix d'encouragement : 750 euros.)

Il arrive très souvent que les vainqueurs du concours voient leur ouvrage publié dans la revue, et débutent ainsi une carrière professionnelle. Même si un auteur n'a pas gagné le premier prix ou qu'il n'est pas parmi les gagnants, il se peut qu'un éditeur le contacte personnellement car il a lu et aimé son œuvre durant la sélection. Il est ainsi pris en charge par un **tantô henshûsha** 担当編集者, *éditeur attitré*, avec qui il va essayer de débuter en tant qu'auteur professionnel. Le concours est un moyen utilisé couramment pour devenir un auteur professionnel. Il arrive que certains auteurs soient très attachés à un magazine ou à un prix en particulier, et tentent plusieurs fois uniquement ce concours.

Remporter ce concours pour un auteur débutant est un rêve qui se concrétise ! Car c'est un signe de reconnaissance dans le milieu.

Parmi les **shinjishô** 新人賞, il y a le 手塚賞 **tezukashô**, *prix Tezuka*, célébre prix décerné aux œuvres de **sutôrî manga** ストーリーマンガ, *story manga*. TEZUKA sélectionnait lui-même le gagnant. Il en était de même pour le **akatsukashô** 赤塚賞, *prix Akatsuka*. De son vivant, l'auteur AKATSUKA Fujio choisissait le vainqueur. Il récompense toujours aujourd'hui les manga d'humour.

AKATSUKA Fujio est célèbre pour ses dessins humoristiques, ses personnages ont marqué l'univers des manga comiques, et sont très connus au Japon.

Les maisons d'édition sont souvent situées à Tôkyô. Les personnes qui habitent en région sont nombreuses à choisir de participer au concours plutôt que de faire un **mochikomi** 持ち込み, c'est-à-dire d'aller présenter directement leurs planches aux éditeurs. De plus la rencontre en face à face demande beaucoup de courage, il faut pouvoir accepter la critique et réagir posément.

持ち込み ◆ **mochikomi** *apporter les planches à l'éditeur*

Pour un auteur, il s'agit d'apporter ses œuvres à la rédaction d'un magazine spécialisé **manga** 漫画, pour qu'un éditeur les regarde et les évalue. La plupart des rédactions des magazines spécialisés aiment voir les planches de jeunes auteurs. Quand un auteur appelle la rédaction, l'éditeur qui prend l'appel fixe directement une date et c'est lui qui étudiera les planches. Si l'œuvre est aboutie, l'éditeur la garde et l'envoie au **shinjinshô** 新人賞 ou il demande l'avis à un autre éditeur. C'est très rare, mais il arrive que l'œuvre apportée soit directement publiée dans un magazine et que l'auteur débute en tant que professionnel immédiatement.

Cependant, dans la plupart des cas, l'éditeur lit en un éclair l'œuvre (en effet, les éditeurs lisent à une allure vertigineuse). Il prodigue ensuite des conseils et demande d'apporter d'autres planches.

L'auteur persévérant peut se faire remarquer d'un éditeur en amenant maintes fois ses planches. L'éditeur commence à se souvenir de lui et quand une œuvre est aboutie, il reconnaît les efforts fournis et peut lui attribuer un **tantô henshûsha** 担当編集者, *éditeur attitré*.

Les œuvres peuvent être jugées même au stade du **nêmu** ネーム. (Quand on apporte des planches à un éditeur, le niveau de dessin est également jugé donc l'œuvre doit être finalisée.) Ainsi, le **mangaka** 漫画家 peut dessiner tout en effectuant des corrections au fur et à mesure. Si son éditeur donne son accord, il arrive qu'il présente l'œuvre lors d'une réunion de la rédaction et qu'elle soit publiée dans un magazine.

De même pour le **shinjinshô** 新人賞, certaines personnes sont très attachées à un magazine en particulier. C'est notamment le cas de magazines populaires tels le *Shûkan Shônen Jump*. Les auteurs apportent plusieurs fois leurs planches. Les avantages par rapport à l'envoi des planches à un concours sont de recevoir directement un avis et des conseils. De plus, l'œuvre est immédiatement acceptée ou non. Le mangaka doit avoir les nerfs solides pour pouvoir accepter toutes les critiques, qu'elles soient bonnes ou mauvaises, constructives ou virulentes.

ピクシブ **pikushibu** *pixiv* ◆ Transcription phonétique du terme « pixiv ». Il s'agit du site Internet **www.pixiv.net** où n'importe qui peut afficher ses illustrations ou ses créations. De nombreux auteurs présents sur ce site sont très doués et il y en a parmi eux qui débutent en tant que professionnels. Il arrive que des éditeurs organisent des concours via le site pixiv. Même lorsque l'on est un auteur professionnel, on peut y dessiner ce qu'on veut, donc certains continue de montrer leurs inventions.

Certains auteurs prennent les devants en publiant eux-mêmes leurs œuvres pour se faire connaître et également reccueillir des impressions sur leur travail. Cela permet aussi aux éditeurs de les découvrir...

## 出版社側から選ばれる
## En étant repéré par un éditeur

スカウト **sukauto** *le recrutement par repérage* ◆ Du verbe anglais « to scout », *reconnaître, repérer*. Un professionnel du milieu de l'édition va découvrir une pierre précieuse à l'état brut soit un amateur, et il va le recruter. C'est un terme souvent utilisé dans les milieux du mannequinat et du show-biz, mais ces derniers temps, cela se pratique de plus en plus dans le domaine qui nous intéresse. Les éditeurs se rendent à des salons de vente directe de fanzines et vont discuter avec des auteurs amateurs talentueux. Ils regardent aussi régulièrement les publications sur Internet, comme les blogs ou **pikushibu** ピクシブ, *pixiv*.

Une fois l'auteur connu ou reconnu, comme pour la technique du recrutement par repérage, ça peut être à nouveau l'éditeur qui propose de le publier.

C'est un service qu'une personne demande à une autre. L'auteur professionnel peut recevoir une **irai** 依頼, *commande* de la part d'une rédaction. C'est le procédé inverse du **mochikomi** 持ち込み ou du **shinjinshô** 新人賞, où l'auteur soumet son œuvre.

◆ 依頼
**irai**
*la commande*

Il existe enfin des formations dans des établissements spécialisés pour ceux qui préfèrent entrer dans le métier en apprenant les différentes techniques et les règles de l'art.

学校から

## En suivant des cours

Il n'y a pas de restriction d'âge, ni de diplôme à avoir pour entrer dans ces écoles, qui sont très chères et bien entendu non obligatoires pour accéder au statut de **mangaka** 漫画家.

Département dans une université ou une école spécialisée qui enseigne les techniques du **manga** 漫画. Les professeurs sont des auteurs professionnels en activité ou qui l'ont été. Au même titre qu'un **tantô henshûsha** 担当編集者, *un éditeur attitré*, ces professeurs donnent des conseils aux étudiants pour la création d'un manga dès la première étape du **purotto** プロット ou des **nêmu** ネーム. Avant, ces écoles n'étaient pas forcément bien vues car suivre des cours dans un **senmongakkô** 専門学校, *établissement spécialisé* ne garantissait pas une carrière de **mangaka**

◆ 大学、専門学校
**daigaku,**
**senmongakkô**
*université,*
*école spécialisée*

漫画家 (professionnel). Récemment, le nombre de diplômés qui deviennent vraiment des auteurs professionnels a augmenté, ces écoles sont par conséquent mieux considérées.

Dans ces différents établissements, vous apprendrez à utiliser les outils, les techniques, et développerez votre style, mais on ne peut réellement apprendre à devenir **mangaka** 漫画家. Le talent et la créativité sont les clés de la réussite !

Participer aux concours de toutes les maisons d'édition, essayer de se faire remarquer en dessinant dans les fanzines, montrer son œuvre à des éditeurs est essentiel si on veut devenir **mangaka** 漫画家. Une autre astuce : être assistant ! Pour espérer un jour surpasser le **sensei** 先生 et être publié...

掲載形態

# Les modes de publication

掲載形態

# LES MODES DE PUBLICATION

Parution unique, hebdomadaire, mensuelle, chaque semaine pendant 30 ans… Pour pouvoir garantir une place où publier leurs œuvres, les **mangaka** 漫画家 doivent se battre car les places sont chères ! Dans cette bataille, certaines publications sont plus glorieuses que d'autres.

「どこ」で描くか

## Choisir un support

Le format des **manga** 漫画 est désormais admis au Japon et en France. Les premiers sont arrivés en France sous forme de livres de poche. Ils étaient publiés dans le sens de lecture occidental, mais devant le succès des bandes dessinées japonaises dans l'hexagone, ils ont pris peu à peu le format et le sens de lecture traditionnel japonais. À noter qu'en japonais, l'écriture se lit aussi bien de droite à gauche (dextroverse), de gauche à droite (sinistroverse), que de haut en bas.

Au Japon, en général, un **manga** 漫画 est d'abord prépublié dans un magazine spécialisé sous forme de série ou en *one shot* (soit un ouvrage unique). Les principaux magazines de prépublications étant *Shûkan Shônen Jump* (pour les garçons) et *Ribon* ou *Nakayoshi* (pour les filles). S'il a du succès, il est ensuite publié sous forme de volume en format de poche plus facile à garder dans une bibliothèque et avec un papier de meilleure qualité. C'est la popularité de l'auteur ainsi que le lectorat visé qui sont déterminants dans le choix du support.

Un magazine de prépublication à parution régulière est un **honshi** 本誌. Le **bessatsu** 別冊 est un numéro annexe qui découle du **honshi** 本誌. Les jeunes auteurs sont d'abord publiés dans la revue annexe et s'ils ont un accueil favorable auprès des lecteurs, ils sont promus dans la revue principale.

◆ 本誌、別冊
**honshi, bessatsu**
*revue principale manga, revue annexe manga*

Le *Ribon Comic* est une revue mensuelle, soit un **honshi** 本誌. C'est un magazine de prépublication de type **shôjo** 少女 (pour fille), publié par les éditions Shûeisha. De ce magazine principal sont nées des revues annexes : *Bessatsu Ribon* (parution irrégulière), *Ribon zôkan*, *Ribon Deluxe*, *Ribon original* (saisonnière), *Ribon Daizôkan* (3 à 4 fois par an), etc.

Magazines publiés par des maisons d'édition et qui sont vendus dans les librairies ou magasins.

◆ 商業誌
**shôgyôshi**
*revue vendue dans le commerce*

「同人誌は、商業誌では描けないものも描けるのが魅力だ。」

*« dôjinshi wa shôgyôshi de wa egakenai mono mo egakeru no ga miryoku da. »*

« L'attrait du fanzine est de pouvoir dessiner des choses que l'on ne peut pas publier dans les magazines commerciaux. »

表紙 ◆ **hyôshi** *couverture*

Illustration couleur sur la couverture du magazine. C'est la preuve que le **manga** 漫画 est le titre phare de la revue et qu'il a du succès. C'est honorifique pour l'auteur de recevoir une commande de **hyôshi** 表紙, *couverture*. Cependant, elle doit être dessinée en plus des planches à rendre.
Alors, l'auteur est content mais cela lui rajoute un travail considérable.

巻頭カラー ◆ **kantôkarâ** *pages couleurs du début*

Quelques pages en couleur publiées en tête du magazine. Tout comme la **hyôshi** 表紙, *couverture*, se voir confier ces pages prouve que la série a une place importante dans le magazine.
Le choix du support est par conséquent défini par la popularité du **manga** 漫画. Pour obtenir un magazine au plus près des attentes du lectorat, les éditeurs sondent le public pour tenter de faire grimper les ventes à chaque nouveau **gô** 号, *numéro* !

読者アンケート ◆ **dokusha ankêto** *sondage auprès des lecteurs*

Il s'agit d'un sondage organisé par les magazines sur les œuvres publiées. On peut répondre au sondage en postant une carte postale incluse dans le magazine ou sur Internet. Il arrive fréquemment qu'un tirage au sort récompense les participants de cadeaux liés à leurs séries préférées publiées dans le magazine.

Dans **ankêto** アンケート, on retrouve le mot *enquête* en français. C'est une enquête de satisfaction. À chaque numéro, on comptabilise les votes et un classement de popularité des œuvres est établi. Pour certains magazines, les résultats sont simplement à titre indicatif, alors que pour d'autres, comme les magazines **shônen** 少年, leur influence est déterminante. En effet, les œuvres en tête de classement se voient confier les pages couleur au début du magazine et sont mises en avant par la rédaction. En revanche, les séries qui restent trop longtemps en bas du classement risquent d'être interrompues. Pour l'éditeur et l'auteur, ces sondages permettent d'analyser les chapitres qui ont particulièrement plu aux lecteurs et représentent un indice précieux pour l'élaboration des œuvres. Certains auteurs peuvent être stimulés positivement en apprenant qu'ils sont en bas du classement. D'autres peuvent déprimer et ne plus parvenir à dessiner. C'est à l'éditeur, qui connaît les qualités et le caractère de chacun, de juger bon ou non de lui transmettre les résultats du sondage.

Il existe autant de **manga** 漫画 que de **mangaka** 漫画家. Cependant, au niveau de la forme et la longueur, il existe une certaine normalisation, si l'œuvre est pré-publiée dans un magazine. Il n'y a pas une multitude de formats, toutefois, la durée de publication, elle, est très variable.

## 「どのくらい」描くか
## selon la durée de vie du manga

◆ 連載
**rensai**
*série*

Œuvre publiée en plusieurs fois, **ichiwa** 一話, par chapitre, dans un magazine de prépublication. Pour de nombreux auteurs, se voir confier une série dans un magazine est un objectif. D'ailleurs, quand cela arrive, aux yeux de son entourage et des siens, il est reconnu comme un auteur à part entière. C'est également la garantie d'une rentrée d'argent régulière et d'une stabilité financière. Toutefois, la longévité d'une *série*, **rensai** 連載, dépend de sa popularité. L'auteur ne peut relâcher son attention, même si son ouvrage a du succès.

長期連載
**chôki rensai**
*série longue durée*

◆ Série publiée sur plusieurs années dans un magazine de prépublication.

長寿マンガ
**chôju manga**
*manga à longue durée de vie*

◆ Séries longues publiées depuis des dizaines d'années. **chôju** 長寿 en japonais signifie « longue vie ». C'est une œuvre qui a réussi à survivre dans la jungle de ce milieu parfois hostile. Par exemple, la série *Golgo 13* en est une. La série a débuté en 1968, dans le magazine *Big Comic*, et elle y est toujours publiée.

*Golgo 13* de SAITÔ Takao est un des manga les plus célèbres au Japon, et l'un des plus longs de l'histoire du manga. Les histoires de ce héros – tueur professionnel, sniper hors pair –, dont les missions évoluent en fonction de l'actualité internationale, est uniquement paru en best of en France chez Glénat sous le titre *Best of Golgo 13* (2008).

Tous rêvent de dessiner un jour une œuvre qui marquera l'histoire du **manga** 漫画, et qui leur survivra.

**Voici des séries qui sont publiées depuis plus de 30 ans et qui continuent à l'être en 2014 :**

- *Kochira Katsushika-ku Kameari kôen mae hashutsujo* (depuis 1968)
- *Oishinbo* (depuis 1983)
- *Patariro !* (depuis 1978)

On leur souhaite encore longue vie !

Expression pour estimer une œuvre grandiose, qui a une grande valeur et qui restera dans l'histoire.

◆ 金字塔
**kinjitô**
*une pyramide*

Toutefois, tous les **manga** 漫画 ne sont pas prépubliés en série dans un magazine. Il existe également des œuvres courtes qui sont publiées de façon à ce que l'histoire puisse être lue en une seule fois.

Il commence et se termine en une parution dans un magazine de prépublication. Il peut être court et ne faire que quelques pages, ou bien, être très long. En général, quand un jeune auteur publie pour la première fois, c'est sous la forme d'une histoire courte dans un magazine. Cela permet de tester la réaction des lecteurs. Si l'œuvre est bien accueillie, elle peut faire l'objet d'une publication en série.

◆ 読み切り
**yomikiri**
*manga qui se termine en une publication*

Ouvrage qui se compose en deux parties : 1re et 2e parties.

◆ 前後編
**zenkôhen**
*manga en 2 parties*

Il arrive de qualifier ainsi une série dont la longueur est fixée, dès le début de sa publication, à quelques chapitres. Si la série courte a du succès durant sa période de parution, il se peut qu'elle soit publiée en série longue par la suite également.

Une série qui devait être longue à l'origine peut aussi voir sa publication écourtée. Dans ce genre de cas, on ne peut pas qualifier cette série de **tankishûchû rensai** 短期集中連載.

◆ 短期集中連載
**tankishûchû rensai**
*série concentrée sur une courte durée*

Il est rare qu'une œuvre soit publiée directement en format de poche. En effet, les auteurs arrivent souvent à produire dans un délai court car ils ont une date de remise des planches de la prépublication en série dans un magazine. Toutefois, cela arrive...

描き下ろし
**kakioroshi**
*manga dessiné sans être prépublié*

◆ Ouvrage dessiné pour une parution directe sous forme de volume relié sans être prépublié dans un magazine. C'est une forme rare au Japon, car la majorité des **manga** 漫画 est publiée en série dans un magazine ou sur Internet. Quand il paraît en série, l'auteur est rémunéré pour chaque chapitre paru dans le magazine et touche également les droits d'auteur au moment de la publication sous forme de volume relié. Alors que s'il paraît directement sous cette dernière, l'auteur ne perçoit que les droits d'auteur. Le **kakioroshi** 描き下ろし est choisi quand l'auteur a déjà des fans fidèles ou lorsqu'un éditeur veut absolument publier une œuvre de l'auteur. Il arrive que des projets s'arrêtent car sans le moteur de la prépublication, les auteurs ne parviennent pas à aller jusqu'au bout. De plus, quand un auteur ajoute une partie à un **manga** 漫画 déjà prépublié en série dans le passé, on utilise également ce terme, comme dans les expressions : **hyôshi kakioroshi** 「表紙描き下ろし」(*couverture inédite*) ou **kakioroshi tanpen o shûroku** 「描き下ろし短編を収録」(*une histoire courte inédite incluse*).

Après tout ce travail de création et de dessin de la part du **mangaka** 漫画家, et de ses **ashisutanto** アシスタント, ainsi que le travail loyal de son éditeur, l'ouvrage est imprimé et fin prêt à être lu. Voyons maintenant comment il arrive entre les mains du lecteur...

販売・流通

# La vente et la distribution

# 販売・流通

# LA VENTE ET LA DISTRIBUTION

Plus de 1 000 nouveautés sont vendues par mois au Japon ! Les **manga** 漫画 peuvent être achetés non seulement en librairie, mais également dans de nombreux autres endroits. Penchons-nous sur la vente et la distribution spécifiques !

## 書店の取り組み
## Initiatives en librairie

書店
**shoten**
*la librairie*

Magasin qui vend des livres. Il existe de nombreuses librairies au Japon spécialisées en bandes dessinées japonaises.

En voici quelques exemples (que vous retrouverez dans la rubrique sur Les organismes en rapport avec les manga au Japon et en France) :
Japon => *Mandarake* (Tôkyô, quartier de Shibuya)
France => *Manga Toys* (Paris, 11e arrondissement)

Elles sont les vitrines des maisons d'édition, car la présentation des ouvrages influence considérablement les ventes.

平積み
**hirazumi**
*la présentation de piles de livres à plat*

Présentation d'un livre à plat dont plusieurs exemplaires sont empilés sur une table en librairie. La **hyôshi** 表紙, couverture est visible d'emblée, ce qui constitue un argument de taille. La plupart des livres sont présentés dans les étagères, **tanazashi** 棚差し (« posés sur les étagères ») et le client ne voit que la tranche. Au Japon plus de 1 000 nouveautés sortent par mois. Peu d'entre elles ont la chance d'être mises en avant en **hirazumi** 平積み. La concurrence est rude. Les œuvres populaires sont souvent présentes, mais également les œuvres qui sont conseillées par les libraires.

La librairie en tant qu'espace commercial doit être le lieu d'événements ponctuels pour marquer la sortie d'une publication, rendre hommage à l'œuvre d'un auteur, etc.

◆ 書店フェア **shoten fea** *foire aux livres en librairie*

Mot composé de **shoten** 書店, *librairie*, et du mot anglais « fair », *foire*. Opération promotionnelle destinée à encourager les ventes. Par exemple, lors de la sortie de nouveautés, un espace spécial est consacré pour les présenter afin d'attirer l'œil. Cette opération commerciale peut être menée en partenariat avec des éditeurs. Quand un auteur publie simultanément des œuvres chez plusieurs éditeurs, ces derniers, qui sont habituellement rivaux, peuvent s'associer occasionnellement pour créer le buzz et bénéficier d'un effort conjugué. Pour les libraires, il est plus facile de créer un coin dédié quand plusieurs titres d'un même **mangaka** 漫画家 paraissent en même temps. Certains libraires organisent différemment ce genre d'événement, autour des œuvres qui leur plaisent par exemple.

La fidélisation est une autre valeur très importante pour le rayonnement d'une **shoten** 書店, *librairie*, et pour les ventes. Pour attirer les clients chez eux, les libraires n'hésitent pas à s'impliquer en donnant leur avis sur une œuvre. Ces conseils avisés permettent aux lecteurs de s'y retrouver parmi le grand nombre de publications.

手書きポップ
**tegaki poppu**
*carte promotionnelle faite main*

◆ Du japonais **tegaki** 手書き, *écrit à la main* et de l'anglais « pop », *un support promotionnel*, cela vise en librairie, une feuille cartonnée de la taille d'une carte postale, où les points forts et les particularités de l'ouvrage sont expliqués. La carte est disposée à côté de l'œuvre en question, sur les tables. Elle est réalisée à la main par les libraires. Toutefois, il arrive que ce soit l'auteur qui les écrive lui-même. Pour les clients, cela peut aider à faire un choix parmi la multitude d'offres.

Le libraire n'hésite pas à inviter les auteurs à rencontrer leur public. Quand un auteur se rend dans une librairie pour promouvoir ses œuvres les ventes sont d'autant plus boostées. Lors de ces dédicaces, il offre souvent un **shikishi** 色紙.

サイン色紙
**sa.in shikishi**
*autographe sur carton shikishi*

◆ **sa.in**, サイン, *autographe* (de l'anglais « sign ») sur un **shikishi** 色紙, carton épais destiné à cet effet. Souvent l'auteur signe et ajoute une petite illustration.

サイン会
**sa.inkai**
*dédicaces*

◆ Association de l'anglais « sign », *signature*, et **kai** 会 qui est une *réunion*, une *rencontre*. À la parution d'un nouveau titre, pour les fans et l'auteur, c'est une occasion précieuse de se rencontrer. Dans la plupart des cas, l'auteur ajoute une petite illustration à son autographe. Il peut également dessiner le personnage demandé par son fan. Le temps consacré à chaque fan est assez long pour ce genre de dédicace.

En parallèle des librairies généralistes ou spécialisées, le lecteur féru de bandes dessinées japonaises peut se tourner vers les librairies d'occasion ou encore les librairies en ligne.

ここでも買える、読める

# Autres lieux où se procurer des manga

Au Japon, le style **manga** 漫画 est partout ! Il inspire le quotidien et s'en inspire. Le **manga** 漫画 s'achète et se retrouve donc dans des lieux du quotidien, plus ou moins surprenants !

販売している場所

## POINTS DE VENTE

Quelques lieux où se procurer les dernières nouveautés...

◆ コンビニエンスストア（コンビニ）
**konbiniensu sutoa (konbini)**
*magasins multiservices*

Petit magasin multiservice ouvert 24 heures sur 24 dont le nom vient du terme anglais « convenience store ». On y trouve de la nourriture, des revues, de la papeterie et tout ce qui est nécessaire à la vie quotidienne. Il existe plusieurs grandes chaînes de **konbini** コンビニ au Japon. C'est un point de vente essentiel pour les magazines de prépublication manga. On y trouve quelques **manga** 漫画, au format « comics », des nouveautés, des séries (les plus populaires), et ceux édités spécialement pour ces magasins : les **konbini comics** コンビニコミックス.

◆ 駅売店、キヨスク
**ekibaiten, kiyosuku**
*boutiques dans les gares, kiosques*

Petits magasins situés sur les quais ou près des guichets dans les gares. On y vend des boissons, des chewing-gums, des gâteaux, des **bentô** 弁当, des journaux et des revues. Tout comme les **konbini** コンビニ, c'est un point de vente très important dans ce milieu. Les passagers des transports en commun lisent les magazines de manga dans le train, sur leurs trajets pour aller au travail ou à l'école. Certains les laissent dans le wagon quand ils les ont terminés au profit des prochains voyageurs. Les magasins installés dans les gares des lignes de chemins de fer japonais (Japan Rail alias JR) ont un nom spécifique, les **kiyosuku** キヨスク – de l'anglais « Kiosk », *kiosques*.

新古書店 ◆ **shinko shoten** *librairie d'occasion de nouveautés*

Spécialisée dans les œuvres récentes, cette **shoten** 書店, *librairie* permet d'acquérir à moindre coût les derniers titres. Par exemple, un lecteur peut acheter un nouveau volume d'une série phare, le lire et le revendre aussitôt dans ce magasin. En revanche, le fait que les auteurs ne touchent pas de droits sur ce marché est problématique.

À Paris, il existe des filiales françaises d'une grande chaîne de ce type de librairies : Book Off.Tous les endroits sont bons pour faire connaître tel ou tel ouvrage, plus insolites les uns que les autres !

## 読める場所
## ON PEUT EN LIRE LÀ AUSSI !

Pour découvrir un **manga** 漫画, il n'est pas nécessaire de l'acheter ! Il est possible de l'emprunter pour le lire chez soi, de le louer sur place ou de le lire rapidement dans une salle d'attente ! Emprunter un livre à la **toshokan** 図書館, *bibliothèque* est très courant. Autrefois, les **manga** 漫画 ne figuraient que rarement parmi le catalogue des bibliothèques. Ces dernières années, selon leur contenu, certains titres sont disponibles, surtout si l'auteur a un lien avec la région où se trouve la bibliothèque.

Et du salon de thé au salon de coiffure, pas une minute n'est à perdre pour suivre les aventures de nos personnages favoris !

Pour quelques centaines de yens par heure, les clients du **manga kissa** マンガ喫茶, *salon de thé manga* ont libre accès à des milliers de **manga** 漫画, avec en général, un accès Internet, des consoles de jeux vidéo à libre disposition, des téléviseurs avec des DVD. Les boissons y sont gratuites. Certains établissements sont même équipés de douches. Alors, il existe des clients qui utilisent ces établissements comme un hôtel. La formule « **naito pakku** ナイトパック night pack », permet en effet d'y passer la nuit (pour environ 1 000 à 1 500 yens). Il y a même des habitués qui y dorment tous les soirs, comme s'ils étaient chez eux.

◆ マンガ喫茶、ネットカフェ **manga kissa, netto kafe** *salon de thé manga, café Internet*

Il y a aujourd'hui quelques **manga kissa** マンガ喫茶 en France. Le premier, Le *Manga Café* a ouvert en France, à Paris, en 2006, au cœur du Quartier latin. Il est aujourd'hui installé dans le 13e arrondissement et met à disposition manga, boissons, Internet et jeux vidéo.

Au Japon, il existe également des magasins de location de **manga** 漫画.

De l'anglais « rental comic », il s'agit d'un livre que l'on peut louer pour environ 100 yens par volume. Depuis 2006, une loi permet aux auteurs de toucher des droits même sur les œuvres empruntées. Dès lors, les grandes chaînes de magasins de location de CD et de DVD japonaises ont créé un espace manga. Cette diversification est en plein essor. Il est possible de réserver sur Internet une série entière de plusieurs dizaines de volumes et de se les faire livrer.

◆ レンタルコミック **rentaru komikku** *manga de location*

Tout type d'établissement accueille les lecteurs de **manga** 漫画, et leur en propose. Quand l'attente devient un agréable moment de lecture et de détente…

理容室 ◆ **riyôshitsu** *salon de coiffure*

Salon à l'ancienne fréquenté par les femmes, mais aussi largement par les hommes et les enfants. En attendant leur tour, les clients peuvent lire. *Golgo 13* (pour un public adulte) et *Slam Dunk* (plus pour les jeunes) sont des incontournables des **riyôshitsu** 理容室, *salons de coiffure*.

*Slam Dunk* est un manga sur le basket devenu un classique. Aujourd'hui, le manga de référence en matière de basket est *Kuroko's Basket*.

ラーメン屋 ◆ **râmen.ya** *restaurant de soupe de nouilles*

C'est un restaurant spécialisé dans les **râmen** ラーメン, *les soupes de nouilles*. De nombreux clients y viennent seuls. Alors, tout comme chez le coiffeur, des **manga** 漫画 sont mis à disposition pour qu'ils puissent patienter jusqu'à l'arrivée de la commande. La soupe de nouilles pouvant être mangée d'une main, il arrive que certains mangent tout en continuant à lire. Dans la plupart des cas, il s'agit de magazines, comme chez le coiffeur. Ce sont principalement des œuvres très populaires. En dehors des **râmen.ya** ラーメン屋 (*restaurant de nouilles*), on en retrouve souvent dans les restaurants chinois ou les restaurants bon marché.

Il existe certes un plaisir réel à lire un ouvrage en papier et à découvrir la suite à la page suivante. Toutefois, les œuvres sont désormais disponibles aussi en version numérique !

マンガのデジタル化は進む

## La numérisation du manga avance

Avec l'hégémonie d'Internet, le marché de la bande dessinée japonaise a forcément évolué.

Ces bandes dessinées se sont adaptées à une lecture sur support numérique, tel qu'un ordinateur, une tablette ou un téléphone portable. Au Japon, les **denshi shoseki** 電子書籍, *livres numériques* sont le plus souvent lus sur téléphones portables, et sont pour la plupart des **manga** 漫画. Avec l'apparition des smartphones et des liseuses Kindle ®, le marché progresse peu à peu. Nombreux sont ceux qui pensent que ce mode de lecture n'est pas adapté à ce type d'ouvrage. En effet, le **manga** 漫画 est conçu en doubles pages et n'est pas censé être fractionné.

Les librairies ont dû suivre ce marché émergent...

Site de vente de livres sur Internet. Au Japon, le site Amazon.co.jp détient le plus grand chiffre de ventes en termes de volumes.

◆ ネット書店
**nettoshoten**
*librairie sur Internet*

En opposition aux **nettoshoten** ネット書店, *librairies en ligne*, les librairies traditionnelles et physiques sont appelées **riaru shoten** リアル書店, *librairies réelles* – association du mot anglais « real » et du japonais **shoten** 書店.

Exemple de **nettoshoten** ネット書店 :
www.mangazenkan.com

De façon étonnante (quand on connaît le goût des Japonais pour la technologie) le marché du livre numérique décolle lentement au Japon. La raison en est assez simple : le réseau de librairies et de points de vente de livres y est très dense (environ 15 000 librairies et konbini pour 127 millions d'habitants). En outre les livres traditionnels demeurent bon marché, ne donnant pas d'avantage concurrentiel particulier au format ebook, même si on note un changement qui s'opère depuis peu.

# L'argent et le business

# お金とビジネス展開

# お金とビジネス展開

# L'ARGENT ET LE BUSINESS

Un **manga** 漫画 peut valoir de l'or ! Au sens propre comme au sens figuré ! Nous vous présentons le monde du business qui se développe avec des moyens divers et variés. Un bon ouvrage est apprécié des lecteurs et se vend ; tous les auteurs et les éditeurs ont pour objectif le best-seller.

## 出版ビジネス
## Le business du livre

### 漫画家の収入
### LES REVENUS DE L'AUTEUR

Même si la plupart des auteurs dessinent des œuvres parce que c'est avant tout une passion, l'idéal est quand même de réussir à en vivre. Même s'il est difficile de donner un prix à un talent, il y a des tarifs préétablis.

原稿料 **genkôryô** *tarif des planches* ◆ Somme versée à l'auteur pour la parution de planches dans un magazine de prépublication. Il ne s'agit pas d'un tarif forfaitaire par chapitre ou pour la totalité de l'œuvre. Il s'agit d'un prix à la planche. Un jeune auteur et un *auteur expérimenté*, **chûken** 中堅, gagnent environ 10 000 yens/planche. Le tarif augmente en fonction de la carrière de l'auteur et de sa popularité.

印税 **inzei** *« royalties » (droits d'auteur)* ◆ Redevance perçue par l'auteur au moment de la publication sous forme de volume relié. Cette somme est reçue en plus de la rémunération du tarif par planche lors de la publication d'un manga. Il ne s'agit pas du tarif des planches que l'auteur

「こんなに少ない原稿料でアシスタント代も払ったら赤字だよ……。」（漫画家の心の叫び）
*« konna ni sukunai genkôryô de ashisutanto dai mo harattara akaji da yo... » (mangaka no kokoro no sakebi)*

« Si je rémunère un assistant alors que le tarif à la planche est si bas, je serai dans le rouge... »
(Le cri du cœur de l'auteur de manga)

touche pour la prépublication dans un magazine. Les « royalties » sont fixées à environ 10 % du prix de vente.

Après les revenus que touchent directement les auteurs pour la parution de leur ouvrage, il y a évidemment les bénéfices qui reviennent à l'éditeur...

出版形態
## LES FORMES DE PUBLICATION

Les moyens déployés pour les publications dépendent du succès rencontré, et de l'auteur concerné. Un grand nombre de nouveautés paraît chaque mois, le rôle de l'éditeur est donc important. Il doit tenter de mettre en avant son produit, notamment par diverses formes de publication.

Quand un certain nombre de pages est publié dans un magazine de prépublication, le **manga** 漫画 paraît en volume relié. On appelle cela un format « comics » du terme anglais, que l'on retrouve dans **komikkusu** コミックス. La formulation plus japonaise est **tankôbon** 単行本 – mais les deux se disent.

◆ 単行本
コミックス
**tankôbon,**
**komikkusu**
*volume relié*

Une série peut compter suffisamment de pages pour être publiée en volume relié, si l'éditeur considère que le titre ne se vendra pas, elle ne sortira pas sous ce format.

重版 ◆ **jûhan** *retirage*

Réimpression après épuisement du stock du premier tirage. Pour l'auteur, c'est une merveilleuse nouvelle ! Un titre qui a du succès peut être tiré en continu, des dizaines de fois sur plusieurs années.

絶版 ◆ **zeppan** *édition épuisée*

Un éditeur peut considérer qu'un livre ne se vendra plus. Il a le pouvoir de détruire les fichiers servant à l'impression. De ce fait, le retirage n'est plus possible. C'est une des choses les plus humiliantes pour un auteur. C'est l'éditeur qui a droit de vie ou de mort sur l'ouvrage de l'auteur, ce n'est pas toujours facile à accepter.

Heureusement, certaines œuvres épuisées font l'objet, à plus ou moins long terme, d'une **fukkan** 復刊, *nouvelle édition*. Par exemple, quand l'ayant-droit ou l'auteur se bat pour rééditer son œuvre. Un éditeur peut aussi réussir à récupérer des droits auprès d'un de ses confrères.

「通常版のコミックスは持っているけど、
やっぱり完全版も揃えたいなあ。」

*« tsûjôban no komikkusu wa motte iru kedo*
*yappari kanzenban mo soroetai naa. »*

« Je possède la série dans la collection standard,
mais j'aimerais aussi l'avoir en collection intégrale. »

La version **bunko** 文庫 permet de rééditer dans un format plus petit des livres qui ont eu du succès dans le passé. Un volume relié **bunkoban** 文庫版 compte plus de pages qu'un **manga** 漫画 version **komikkusu** コミックス, *comics*. Le coût est moins élevé. Toutefois, les œuvres avec un style graphique détaillé sont parfois « écrasées » et deviennent moins lisibles.

◆ 文庫版
**bunkoban**
*version bunko*

Réédition d'une œuvre qui a connu un grand succès dans le passé, dans un format plus grand – souvent en A5. L'auteur peut dessiner de nouvelles couvertures pour cette version – quelquefois les pages destinées à la prépublication en magazine sont en couleurs et en noir et blanc pour la version « comics ».

◆ 完全版
**kanzenban**
*version intégrale*

Quand le livre est terminé, des histoires annexes publiées dans le magazine peuvent être rassemblées dans un volume supplémentaire. C'est une version de luxe pour allécher les lecteurs, même ceux qui possèdent déjà la série en version « comics ».

Ouvrage déjà publié dans le passé et réédité pour être principalement vendu dans les **konbini** コンビニ. Pour inciter les clients à acheter un **manga** 漫画 pendant leurs courses, son prix est attractif. C'est possible grâce au choix d'un papier de moins bonne qualité. Les livres qui font l'objet d'un **konbini komikku** コンビニコミック sont des œuvres populaires, que tout le monde connaît, dont le succès est stable. Une œuvre qui colle à une actualité peut être rééditée ainsi également.

◆ コンビニコミック
**konbini komikku**
*manga de « konbini » (commerces de proximité)*

Par exemple, la série *Captain Tsubasa* (connue en France sous le titre d'*Olive et Tom*) pourrait être de nouveau publiée en **konbini komikku** コンビニコミック au moment de l'ouverture d'une coupe du monde.

Pour donner un caractère exceptionnel, certains **manga** 漫画 sont vendus avec des produits dérivés de la série.

限定版 **genteiban** *édition limitée* ◆ Ouvrage vendu en tirage limité avec un « bonus » comme une figurine, un CD ou un DVD. Son prix est plus élevé que l'ouvrage vendu seul, mais un vrai fan a forcément envie de se le procurer. À l'opposé du **genteiban** 限定版, *édition limitée*, il y a la **tsûjôban** 通常版, *version standard*.

広がるマンガビジネス
## Le développement du business manga

Le **manga** 漫画 n'est plus cantonné à un univers papier. Les personnages et les histoires se déploient désormais sur les écrans de télévision, dans les salles de cinéma, dans les jeux vidéo ou encore sur les vêtements !

様々なメディアへ
### LES ADAPTATIONS VERS D'AUTRES MÉDIAS

Faisons un tour d'horizon des adaptations les plus fréquentes :

ドラマ CD **dorama CD** *CD drama* ◆ CD comportant une histoire basée sur un **manga** 漫画 où des comédiens jouent les personnages. Ce produit est destiné aux vrais fans.

Adapter un **manga** 漫画, en **anime** アニメ, *dessin animé*. Quand il a du succès, des chaînes de télévision ou des sociétés de production proposent à l'auteur une adaptation en dessin animé. Un auteur peut même se le fixer comme objectif. Certaines adaptations en dessin animé ont rencontré un succès fou.

◆ アニメ化
**animeka**
*adaptation en dessin animé*

Au Japon, c'est le cas par exemple de *Shingeki no kyojin, L'Attaque des titans*.

Adaptation au **eiga** 映画, *cinéma* ou en **dorama** ドラマ, *série télévisée*, avec de vrais comédiens qui jouent les personnages. Les films permettent de toucher un public qui ne s'intéresse pas habituellement aux livres et aux dessins animés.

◆ 実写ドラマ化、実写映画化
**Jissha doramaka, Jissha eigaka**
*adaptation en film, adaptation en série télévisée*

Au Japon, *Nodame Cantabile* est un manga relatant la vie d'une étudiante en musique (piano) qui rencontre un grand pianiste et violoniste par un hasard heureux. Dans la série dérivée, les rôles sont distribués à UENO Juri (Megumi Noda aka Nodame) et TAMAKI Hiroshi (Shin ichi Chiaki).

「このドラマCDの声優の声、ちょっとあのキャラのイメージと違うんだよなあ。」
*« kono dorama shîdî no seiyû no koe, chotto ano kyara no imêji to chigau n da yo naa. »*

« La voix du comédien de ce CD drama ne correspond pas trop à l'image du personnage. »

舞台化
**butaika**
*adaptation au théâtre*

◆ Alors qu'une adaptation en film ou en série va toucher un large public, une adaptation théâtrale est davantage destinée aux fans de l'œuvre.

Le manga *La Rose de Versailles* de IKEDA Riyoko a été joué par la célèbre troupe Takarazuka, essentiellement composée de femmes. De nombreuses comédies musicales inspirées des œuvres manga voient le jour : de *Black Butler* à *Sailor Moon*.

ノベライズ
**noberaizu**
*novélisation*

◆ De l'anglais « novelize », adaptation en roman (par un écrivain). Il peut romancer à partir de l'histoire de départ, ou encore ne raconter que les passages qui n'apparaissent pas dans la bande dessinée.

Certaines novélisations sont traduites en France. C'est le cas notamment de la série *Naruto*. Des romans sont disponibles dans la collection Bibliothèque verte (éditions Hachette) depuis 2012. Il existe deux *light novels* au Japon.

ゲーム化
**gêmuka**
*adaptation d'un manga en jeux vidéo*

◆ Adaptation en **gêmu** ゲーム, *jeux vidéo*. De nombreux **shônen manga** 少年マンガ sont adaptés en jeux vidéo car les joueurs sont souvent des lecteurs. Nous retrouvons par exemple des jeux de *One Piece*, *Dragon Ball Z*, *Naruto*, etc. sur de célèbres consoles.

À l'inverse, il existe le **komikaraizu** コミカライズ, *l'adaptation en manga* (qui peut se dire également **mangaka** マンガ化). Mot d'inspiration anglaise comme « novelize ». Il s'agit d'une adaptation en **manga** 漫画, d'une œuvre préexistante telle qu'un roman ou un film. Une œuvre qui a connu un grand succès sous un autre média peut être adaptée en bande dessinée. Les romans clas-

「フィギュア付きの限定版、
絶対手に入れたいから早めに予約しておかねば！」
*« figyua tsuki no genteiban, zettai te ni iretai kara hayame ni yoyaku shite okaneba ! »*

« Je veux absolument cette édition limitée avec la figurine, alors je dois la réserver tôt ! »

siques, difficiles d'accès, deviennent plus faciles à lire dans cette version. Ce genre d'adaptations peut connaître un vrai succès.

C'est par exemple le cas pour *Le Capital* de Karl Marx, d'*À la recherche du temps perdu* de Marcel Proust, ou encore, *Pokémon* qui est au départ un jeu vidéo ! Autre exemple d'adaptation en **manga** 漫画 : *L'Étrange Noël de Monsieur Jack*, de Tim Burton !

Tous les moyens sont bons pour susciter l'intérêt du public :

Poupées qui reproduisent des personnages d'une œuvre. Certaines sont fabriquées en quantité limitée et les fans se les arrachent à prix d'or.

◆ フィギュア
**figyua**
*figurine*

L'appareil de pachinko est une sorte de machine assez proche du flipper, qui utilise les personnages d'un **manga** 漫画. La licence versée à l'auteur est conséquente. Toutefois, le pachinko est un jeu d'argent et les **shônen** 少年 et **shôjo** 少女 y sont peu associés, pour éviter de casser leur image.

◆ パチンコ台
**pachinkodai**
*l'appareil de pachinko*

D'autres sortes d'adaptations sont présentes sur le marché :

海外版 ◆ **kaigaiban** *version étrangère*

Ouvrage traduit dans une autre langue et qui est publié à l'étranger. Des best-sellers, tels *Dragon Ball*, existent souvent en version étrangère. Certaines œuvres ont connu une plus grande reconnaissance à l'étranger qu'au Japon.

C'est le cas par exemple des œuvres de TATSUMI Yoshihiro, traduites en plusieurs langues : anglais, chinois, espagnol, français, indonésien, italien, polonais ou encore portugais. (Nous reviendrons sur cet artiste dans une prochaine rubrique.)

海賊版 ◆ **kaizokuban** *version pirate*

Œuvres traduites en langue étrangère sans autorisation, sans contrat avec la maison d'édition japonaise qui détient les droits. Ce phénomène est si important sur Internet qu'il existe le terme de « scanlation », traduction scannée en version étrangère faite par des équipes de traducteurs amateurs.

広告 ◆ **kôkoku** *la publicité*

Les adaptations permettent de faire connaître le **manga** 漫画 à un plus large public, mais le vecteur médiatique le plus puissant reste la *publicité*, **kôkoku** 広告.

広告

**LA PUBLICITÉ**

Tous les supports sont utilisés. Avant, il était exceptionnel de voir un テレビCM **terebi shîemu**, *spot télévisé* d'un **manga** 漫画.

Aujourd'hui, pour une œuvre qui fait un tabac ou que l'éditeur veut mettre particulièrement en avant, il peut y avoir un テレビCM **terebi shîemu**, *spot télévisé*. Cela a été le cas pour *Silver Spoon* d'ARAKAWA Hiromu, qui nous fait découvrir le monde agricole dans les yeux du jeune HACHIKEN Yûgo.

◆ テレビCM
**terebi shîemu**
*spot publicitaire*

Affiche géante collée dans une gare. Cela peut être, par exemple, lors de la parution d'un nouveau volume d'une série phare. Les éditeurs visent les stations comme Akihabara au Japon, où se rassemblent les fans de **manga** 漫画. Une affiche peut être également présente dans une gare qui a un lien particulier avec une œuvre.

◆ 駅貼ポスター
**ekibari posutâ**
*affiche en gare*

Bande de papier avec un slogan publicitaire, qui entoure le livre. Lorsque le le commentaire d'un grand auteur ou d'une célébrité y figure, des personnes qui ne connaissent pas l'ouvrage sont succeptibles de le feuilleter, voire de l'acheter !

◆ 帯
**obi**
*bandeau publicitaire*

La couverture est un vecteur publicitaire important aussi, qui peut motiver l'achat des lecteurs (**jakegai**, *achat sur couv'*). *It's Your World* © 2008 Kawakami Junko - KANA (Dargaud-Lombard s.a.)

Tous ces efforts pour tenter d'aiguiser la curiosité des lecteurs, de susciter leur convoitise, paient la plupart du temps. Les lecteurs répondent à l'appel au Japon et dans le monde.

読者と
オタクの世界

# Les lecteurs et l'univers des otaku

読者とオタクの世界

# LES LECTEURS ET L'UNIVERS DES OTAKU

Comment les lecteurs achètent-ils leurs bandes dessinées ? Comment les aiment-ils et les lisent-ils ? Certains les apprécient tellement que leur vie tourne essentiellement autour de cette passion. Lieux cultes, rassemblements, salons de thé... Regardons de plus près l'univers des **otaku** オタク !

読者

## Les lecteurs

De l'adulte à l'adolescent, de l'amateur au fan, hommes et femmes, tous peuvent trouver un **manga** 漫画 à lire, à adorer, à dévorer !

読者 **dokusha** *le lecteur* ◆ Personne qui lit des livres, des revues, des manga 漫画. Lorsqu'on passe de simple **dokusha** 読者 à **otaku** オタク, on entre dans l'univers merveilleux des fanatiques !

オタク **otaku** *le fan extrême* ◆ Personne qui apprécie de manière prononcée un domaine particulier ou un hobby et qui a des connaissances pointues sur le sujet. En France, on emploie ce terme plutôt pour les fans de **manga** 漫画 en général : livres, dessins animés, jeux vidéo. C'est un véritable groupe social avec ses codes et son vocabulaire. Il y a quelques années, le terme **otaku** オタク avait une consonance péjorative avec un côté un peu répulsif et déplorable. Aujourd'hui, ce n'est plus le cas, c'est même devenu tendance. D'abord à majorité masculine,

「カトリーヌ先生の日本語講座」

## Les leçons de japonais de Catherine sensei

**otaku** お宅 / オタク

« Se reposer tranquillement sous son toit », c'est le sens premier du caractère **taku** 宅. L'expression **otaku** お宅 avec un préfixe **o** お de politesse et écrite à l'aide d'un kanji, a depuis longtemps servi, et sert toujours aujourd'hui, d'équivalent au mot **ie** 家 *maison* (qui représente un cochon sous un toit : le nécessaire pour la vie d'une famille chinoise...) **otaku** お宅 : « votre maison, chez vous » est même une manière de dire vous. Au début des années 1970, il a pris un sens très péjoratif. Il désignait des adolescents qui, souvent, avaient abandonné l'école et restaient enfermés chez eux. Ils vivaient complètement repliés sur eux-mêmes, se coupant de tout contact extérieur, même avec leur famille. Leur seul interlocuteur était alors leur ordinateur ou leur console, et ils avaient comme passion l'univers des jeux, des manga, des animé. Ce comportement était perçu comme une sorte de maladie et il est vrai qu'à l'époque il y a eu des cas pathologiques de dépendance. Aujourd'hui, le terme a tout à fait perdu, surtout en français, ce caractère péjoratif. L'**otaku** オタク d'aujourd'hui (qu'on écrit en katakana pour bien montrer qu'il ne s'agit plus du sens des années 1970) reste un passionné de vidéo, de manga, d'animé, de jeux. Mais il mène une vie normale. Au contraire sa passion lui permet même de se créer une vie sociale. Le terme serait donc plutôt équivalent à *fan*.

Si bien que la langue japonaise a créé un autre mot pour remplacer le mot **otaku** お宅 des années 1970 : **hikimomori** 引きこもり : « celui qui se retire (de la société) et reste enfermé. »

Exemples de **dôjinshi** 同人誌 *fanzine*.

de nombreuses jeunes filles se qualifient d'**otaku** オタク désormais.

腐女子 **fujoshi** *fujoshi* ◆ Lectrices qui apprécient particulièrement les BL. Ce sont des femmes qui lisent des histoires d'amours homosexuelles ou entre des objets inanimés, comme une romance entre une gomme et un crayon. À l'origine, le terme **fujoshi** 婦女子, signifie *femme* **fujo** 婦女 et *enfant* **shi** 子. Dans cette expression, un des idéogrammes de *femme* **fu** 婦, est remplacé par celui de **fu** 腐, *pourriture*. **fujoshi** 腐女子 signifie une « femme pourrie ». C'est un jeu de mots car la sonorité du mot d'origine reste inchangée.

マンガ読み **manga yomi** *le dévoreur de manga* ◆ Quelqu'un qui lit des **manga** 漫画 en quantité et qui est fin connaisseur dans le domaine. Ici, le côté passionné est très infime comparé au terme **otaku** オタク. Il s'agit d'un lecteur qui aime ce genre et qui lit des œuvres très variées.

## マンガにお金は惜しまない
## Des acheteurs compulsifs

Des magazines de **manga** 漫画 paraissent chaque semaine, chaque mois, ainsi que des nouveautés sous format poche. Il y a également tous les produits dérivés et les événements tels les salons. Pour les vrais fans, le porte-monnaie est donc mis à rude épreuve. Ils sont capables de consacrer un budget important pour assouvir leur passion, en fonction de leur âge et du niveau de leurs revenus.

作家買い **sakkagai** *achat par auteur* ◆ Acheter toutes les œuvres d'un auteur, quel que soit le contenu.

Alors qu'un enfant ne s'achète des bandes dessinées que dans la limite de son argent de poche, l'adulte dispose librement de son porte-monnaie. Il peut s'offrir tout ce qu'il n'a pas pu acheter quand il était petit. Il s'agit généralement d'un achat en grande quantité et en une seule fois. Par exemple, l'achat d'une série, non pas volume par volume, mais toute la série, d'un coup.

◆ 大人買い
**otonagai**
*achat d'adulte*

Acheter un livre ou un CD, sans en connaître le contenu, juste parce que la couverture ou le design du packaging paraît séduisant.

◆ ジャケ買い
**jakegai**
*Achat sur couv'*

Livres que l'on empile en pensant qu'on va les lire mais qui restent juste entassés.

◆ 積読（つんどく）
**tsundoku**
*lecture empilée*

Les acheteurs peuvent dépenser sans compter, et pour tout type de **manga** 漫画.

Bandes dessinées ou romans racontant des histoires d'amours entre hommes. À la différence d'une œuvre gay, ce genre est destiné à divertir les lectrices. Avant, c'était un genre mineur, mais il prend de l'ampleur à tel point que certaines librairies y consacrent désormais un rayon.

◆ ボーイズラブ(BL)
**bôizu rabu (bî.eru)**
*Boy's Love (BL)*

Roman écrit dans un style relativement simple, apprécié par les jeunes, les amateurs de bandes dessinées et d'animation. C'est toujours un auteur ou un illustrateur connu, qui dessine la couverture et les illustrations. Il est fréquent que la couverture ait une grande influence sur la vente.

◆ ライトノベル（ラノベ）
**raito noberu (ranobe)**
*Light Novel*

「カトリーヌ先生の日本語講座」

## Les leçons de japonais de Catherine sensei

**tsundoku** 積読 / つんどく

Le vocabulaire du japonais est fait de trois strates. La plus ancienne est composée des mots du japonais originel, ce qu'on appelle **wago** 和語 *mots japonais*. C'est tout le vocabulaire de base, le monde quotidien. Ces mots sont écrits en **kanji** ou en **hiragana**, ou encore par un mélange des deux. La deuxième est faite des mots empruntés à la Chine ou fabriqués au Japon à partir d'éléments chinois (comme dans nos langues occidentales on crée des mots à partir d'éléments latins ou grecs) : les **kango** 漢語*mots chinois* – qui sont toujours écrits en **kanji** et qui expriment souvent des notions abstraites ou des termes techniques. C'est de très loin la plus nombreuse. Mais elle est concurrencée, surtout depuis la deuxième moitié du xxe siècle, par la troisième strate, les **gairaigo** 外来語 littéralement « mots venus de l'étranger », massivement de l'anglais américain, en particulier dans le domaine des technologies et de la culture contemporaine, et qui sont toujours écrits en **katakana**.

On aura compris qu'un **kanji** peut servir à écrire un mot japonais ou un élément chinois, cela veut dire qu'il a en général deux prononciations possibles (souvent plus !...). Ainsi le **kanji** : 積 *empiler, entasser* correspond soit au chinois **seki** (arrangé par les Japonais, ce qu'on appelle sino-japonais), soit au japonais **tsumu** (en ajoutant un **hiragana** : 積む). Le **kanji** 読 *lire*, se prononce en sino-japonais **doku**, et en japonais **yomu** (en ajoutant un **hiragana** : 読む).

Dans chacune de ces strates, existent des mots composés. En théorie on ne mélange pas les éléments des trois strates ; on compose dans la même strate, en particulier pour les deux premières. Mais comme à toute théorie, il y a des exceptions. Selon la règle de composition des mots, le mot 積読 devrait se prononcer **sekidoku**. Or il se prononce **tsundoku**, où sont mélangés un premier élément, japonais, **tsun**, contraction de **tsumi** (une forme du verbe **tsumu**), et un second élément, sino-japonais, **doku**. Le tout signifie donc « lire par entassement », comme si mettre les livres en pile suffisait pour les avoir lus, ou, en tous cas, donnait bonne conscience de ne pas les lire...

## 読むだけでは足りない！
# Lire ne leur suffit pas !

Certains lecteurs ne se contentent pas de lire et d'avoir des connaissances approfondies sur une série et ses personnages, ils dessinent ou écrivent des articles sur leur **manga** 漫画 favori !

◆ 同人誌
**dôjinshi**
*le fanzine*

Document imprimé, créé par un ou plusieurs auteurs amateurs, aux goûts communs, qu'ils distribuent et vendent eux-mêmes. Il existe différentes qualités de **dôjinshi** 同人誌, *fanzines*. Très souvent ce sont simplement des photocopies agrafées (mais si le budget est conséquent, le fanzine peut-être réalisé avec reliure de luxe !). À la différence des magazines édités par des professionnels et distribués en librairie, les fanzines sont principalement vendus par les auteurs aux lecteurs lors de salons de vente directe de fanzines, tel le **komiketto** *Comiket* コミケット. Toutefois, quelques fanzines sont vendus dans les librairies spécialisées ou en vente par correspondance. Il existe deux grandes catégories de contenu : la parodie d'une œuvre déjà existante ou l'œuvre originale. Qu'un fanzine soit réalisé par une ou plusieurs personnes, l'appelation reste la même.

◆ 二次創作
**niji sôsaku**
*création à partir d'une œuvre existante*

Une nouvelle histoire est créée à partir du **settei** 設定 (*les éléments établis*), ou de personnages d'oeuvres qui ont déjà fait l'objet d'une présentation ou d'une publication (donc déjà soumis aux droits d'auteurs). Quelquefois ce ne sont que des illustrations. Certaines célébrités ou hommes politiques font l'objet de fanzines. Beaucoup racontent une histoire d'amour entre deux personnages masculins : le **BL**. C'est le grand nombre de parodie de

*Captain Tsubasa* (*Olive et Tom*), dans les années 1980, qui a donné l'essor à ce genre.

オリジナル ◆ **orijinaru** *fanzine de création originale*

**manga** 漫画, imaginé entièrement par un auteur amateur, de l'histoire aux personnages. La vente de ce type de fanzine s'effectue dans les salons spécifiques, tels le **komitia** コミティア, davantage qu'au **komiketto** コミケット, où les fanzines de parodie sont majoritaires.

Même pour un japonais, l'univers de l'**otaku** オタク peut paraître un peu déroutant : ses références et ses expressions ne sont pas toujours évidentes !

## 知っておきたいオタク用語
## Lexique otaku à connaître

Le vocabulaire utilisé par les **otaku** オタク est essentiellement masculin et emprunté à l'univers de la fiction, des bandes dessinées, ou de l'animation : *2D*, **nijigen** 二次元 ; *3D*, **sanjigen** 三次元.

俺の嫁 ◆ **ore no yome** *ma femme*

Personnage féminin fictif en 2D que les **otaku** オタク (hommes) adorent et chérissent au point de lui promettre fidélité et chasteté.

萌え ◆ **moe** *moe*

Ce mot vient du verbe **moeru** 萌える qui signifie *la pousse des plantes, des bourgeons*. Dans la culture **otaku** オタク, **moe** 萌え désigne un sentiment d'exaltation, d'excitation et d'affection envers un personnage fictif, de dessin animé, de bandes dessinées ou de jeux vidéo. Ce sentiment peut s'appliquer à une personne réelle en 3D, une idole, mais cela reste du domaine de l'amour impossible. C'est différent d'un sentiment amoureux. L'**otaku** オタク ne veut pas sortir, ni avoir une relation réelle avec elle. Il est difficile de définir ce terme avec précision, même au Japon.

L'**otaku** オタク préfère rester chez lui et consacrer son temps à son hobby. Même s'il converse volontiers via son ordinateur, il existe des rendez-vous à l'extérieur où il peut voir d'autres personnes – rencontrées préalablement sur des forums Web. Il y a un célèbre film, *Densha otoko*, qui met en scène ces relations construites sur Internet.

◆ オフ会
**ofukai**
*réunion off*

Il s'agit d'une situation amoureuse fréquente dans les **manga** 漫画. Un garçon coince une fille contre un mur. **don** ドン (« bom ») est le bruit sourd de la main qu'il pose à côté d'elle – il peut poser les deux mains sur le mur. La fille est prise comme dans un étau. De nombreuses femmes craquent pour ce comportement un peu brutal, mais plein de virilité. Cette scène est dessinée depuis longtemps dans les **shôjo** 少女 mais ce n'est que récemment que le terme a été choisi pour qualifier cette situation. En 2014, il a été diffusé jusqu'à être utilisé dans les séries TV, les films et les publicités. Son succès est tel qu'il figure parmi le top 10 du « grand prix annuel des nouveaux mots et des mots tendance des éditions U-can ». Il existe une variante horizontale, où la fille est allongée sur le sol : le **yukadon** (« bom » contre le sol). Sur Internet, **kabedon** 壁ドン signifie toute autre chose. C'est quand on donne un coup sur le mur de la chambre voisine pour protester contre le bruit.

◆ 壁ドン
**kabedon**
*« Bom » sur le mur*

Les **otaku** オタク aiment parler de leur passion, échanger sur leurs séries préférées lors de discussions virtuelles ou réelles. Qui mieux qu'un autre **otaku** オタク peut comprendre la profondeur d'une réplique ou le caractère charmant d'un personnage ?

ここに集まれ！
# Rassemblement !

コミック マーケット（コミケ、コミケット）
**komikku mâketto (komike, komiketto)**
*Comic Market (Comike, Comiket)*

◆ Le plus grand salon de vente directe de **dôjinshi** 同人誌, *fanzines* depuis sa création en 1975. Actuellement, il se tient deux fois par an, en été (**Natsu Comi** 夏コミ) et en hiver (**Fuyu Comi** 冬コミ), au Tôkyô Big Sight, à Odaiba – île artificielle dans la baie de Tôkyô. À chaque événement, des dizaines de milliers de personnes se déplacent.

L'édition « été 2013 » a rassemblé 580 000 visiteurs sur trois jours. Les vendeurs de fanzines doivent faire partie d'une association pour pouvoir participer. Leur participation dépend d'un tirage au sort. En 2013, 51 000 associations ont fait une demande et 35 000 ont pu participer.

Les fanzines sont réalisés par des auteurs amateurs. Mais certains d'entre eux ont commencé une carrière professionnelle suite au succès de leurs créations. Même devenus professionnels, ils aiment prendre part au **komiketto** コミケット. Il y a également des stands réservés aux professionnels de l'édition, qui vendent des produits en édition limitée (spécial Comiket). Dans le salon, un espace est consacré aux séances photos de cos-

「明日、黒子のバスケオンリーに行くの、超楽しみだな！」
*« asu kuroko no basuke onrî ni iku no, chô tanoshimi da na ! »*

« Demain, j'ai trop hâte d'aller à un événement dédié à Kuroko's Basket ! »

play. Les participants ont eux aussi leurs fans qui les prennent en photo.

◆ コスプレ
**kosupure**
*cosplay*

Entrer dans la peau d'un personnage de fiction, principalement de bande dessinée, de dessin animé ou de jeux vidéo, en portant une tenue, un maquillage et une coiffure spécifiques. Il arrive qu'on indique sur son costume le personnage interprété en ajoutant **cos** (コス) au nom. Par exemple, **rufikosu** ルフィコス *Luffycos* = cosplay de Luffy, le héros de *One Piece*.

Les costumes peuvent être artisanaux ; ils peuvent aussi être achetés en vente par correspondance ou sur Internet. On appelle **kosupureiyâ** コスプレイヤー (*cosplayers* ou **reiyâ** レイヤー, « layers »), les personnes qui s'adonnent au cosplay.

Ceux qui vendent leurs fanzines au **Comiket** コミケット repartent bien souvent avec de belles acquisitions. L'un des grands attraits de ce salon est que l'on peut à la fois être vendeur et acheteur.

Au Japon, il existe d'autres salons de vente directe de fanzines :

◆ オンリーイベント（オンリー）
**onrî ibento (onrî)**
*événement dédié*

De l'anglais « only event », c'est un événement, ou un salon de vente directe de fanzines, organisé autour d'un seul sujet de parodie. On abrège souvent **onrî ibento** en **onrî** オンリー.

Le salon Japan Expo qui se tient en France est le plus grand rassemblement européen autour de la culture manga japonaise. (Voir article sur la Japan Expo dans la rubrique sur les organismes en rapport avec les manga au Japon et en France).

Les salons sont les lieux de rassemblement qui nous viennent tout de suite à l'esprit, mais au Japon la vie s'organise en quartiers où les Japonais se réunissent. Les quartiers n'ont aucune valeur officielle mais ils délimitent des espaces de vie, avec une personnalité propre à chacun. Avec l'engouement pour la culture manga, vous vous doutez bien que Tôkyô dispose de son quartier consacré aux **otaku** オタク !

秋葉原
**akihabara**
*Akihabara*

Nom d'un quartier et d'une gare de **Tôkyô** 東京. À l'origine, ce quartier était connu pour être un lieu spécialisé dans les produits électroménagers et les composants électroniques. (Il l'est toujours d'ailleurs.) L'essor des boutiques spécialisées en bandes dessinées, dessins animés et jeux vidéo en fait aujourd'hui la Mecque des **otaku** オタク.

Cependant, d'autres quartiers sont fréquentés par les **otaku** オタク pour leurs librairies, boutiques et cafés manga.

乙女ロード
**otome rôdo**
*Otome road*

Rue dans le quartier d'Ikebukuro à Tôkyô, où se concentrent les boutiques de produits relatifs aux fanzines *BL* et goodies de dessins animés, destinés principalement aux **fujoshi** 腐女子. C'est dans cette rue qu'a ouvert le premier **shitsuji kafe** 執事カフェ (*café de majordomes*).

執事カフェ、執事喫茶
**shitsuji kafe, shitsuji kissa**
*café majordome, salon de thé majordome*

Café (**kafe** カフェ) ou salon de thé (**kissa** 喫茶) où les clientes peuvent se divertir d'une relation fictive. La cliente devient la jeune fille de la maison, *Mademoiselle* (**ojôsama** お嬢様), et le serveur, son *majordome* (**shitsuji** 執事). Les clients hommes (oui il y en a aussi) sont appelés *Monsieur* ou *Maître* (**goshujinsama** ご主人様). Une fois passé le seuil, on entre dans l'univers du jeu de rôle avec une importance donnée à la relation hiérarchique entre maître et serviteur.

Et à l'inverse...

Café ou salon de thé où les serveuses sont en tenue de soubrette (maid, en anglais). Cette dernière est un des personnages **moe** 萌え qui apparaît dans les ouvrages et dessins animés. Dans les salons de thé japonais traditionnels, les serveuses accueillent les clients par un **irrashaimase** いらっしゃいませ, *Bienvenue* ! Dans le **meido kissa** メイド喫茶, les soubrettes vous accueillent par : **okaeri nasai goshujinsama** おかえりなさいませご主人様, *Bon retour chez vous, maître*. Elles mettent du sucre dans le café et prodiguent mille petites attentions. Autrement dit, le client est traité comme le maître de maison. Certains établissements organisent des événements. Les tarifs sont plus élevés que dans un salon de thé classique.

◆ メイドカフェ、メイド喫茶
**meido kafe, meido kissa**
*café « maid », salon de thé « maid »*

Les salons de thé au Japon sont donc assez surprenants ! Mais ils restent un symbole de la culture japonaise... N'hésitez pas à aller y faire un tour lors d'un séjour au Japon ! Certains se sont installés en France également. Un autre espace incontournable de l'**otaku** オタク est... Internet ! Tout en restant chez lui entouré de ses objets favoris, il peut converser avec ses pairs et compères à toute heure du jour et de la nuit !

Forum japonais géant qui a lieu sur Internet. Les participants peuvent s'exprimer de manière anonyme. Les sujets abordés permettent prin-

◆ 2ちゃんねる
**ni channeru**
*2 channel*

cipalement de poster des commentaires sur des bandes dessinées, des dessins animés, des célébrités, etc. Les participants peuvent également inscrire des informations plus personnelles. Il arrive que certains échanges soient virulents et que les critiques soient acerbes. Un préavis de meurtre a déjà été posté et la police a dû mener une enquête. Avant, ce forum n'était fréquenté que par des **otaku** オタク. Aujourd'hui, le public s'est démocratisé. Les usagers de **ni channeru** 2ちゃんねる sont appelés « 2 *channerer* » **ni channerâ** 2ちゃんねらー.

L'univers des **otaku** オタク regorge donc de lieux, de mots, et de lectures ! Celles-ci bien que diverses et variées ont très souvent le point commun d'être rythmées de la même façon. Pour les lecteurs aguerris, certains événements, et symboles, sont devenus une évidence. Même si certaines coutumes occidentales ont été importées dans la culture japonaise, certaines traditions bien typiques colorent la vie des Japonais, et se répercutent dans les **manga** 漫画.

# マンガの中の四季

# Les saisons dans les manga

マンガの中の四季

# LES SAISONS DANS LES MANGA

Quels sont les symboles du Japon représentés dans la plupart des bandes dessinées japonaises ? En quoi symbolisent-ils une année ?

Une bande dessinée japonaise n'a pas la même vision temporelle qu'une bande dessinée occidentale car elle ne dispose pas des mêmes codes sociaux, des mêmes fêtes, etc. Les publications suivent davantage les saisons qu'en Occident : les personnages font leur rentrée en même temps que les écoliers japonais, etc. Il semble qu'il y ait également plus de symbolisme, et des décors plus codifiés. L'utilisation du noir et blanc joue dans l'impression d'un symbolisme beaucoup plus fort. Il faut passer par des éléments graphiques qui nous montrent que c'est le printemps, l'été, Noël, etc, là où la couleur nous permet de nous en rendre compte en un clin d'œil.

Les **manga** 漫画 qui racontent le quotidien dans l'archipel, regorgent de symboles et d'éléments culturels japonais. Certains événements très typiques rythment la vie des Japonais.

Nous vous les présentons au fil des *saisons* (**kisetsu** 季節)...

## 「カトリーヌ先生の日本語講座」
## Les leçons de japonais de Catherine sensei

**sakura** 桜
Le mot **sakura** 桜 *cerisier* désigne le cerisier japonais (qui ne donne pas de fruits et est considéré seulement comme un arbre à fleurs). C'est le terme employé dans la vie courante. Mais paradoxalement, dans la tradition littéraire japonaise, en particulier la poésie où le cerisier est éminemment présent comme symbole de l'arrivée du printemps, ce mot est très rarement employé. On parle simplement de **hana** 花 *les fleurs*. Comme si la fleur de cerisier était l'unique fleur dont il vaut la peine de parler, LA fleur. C'est vrai que marcher sous les cerisiers en pleine floraison est une expérience unique. Les pétales translucides laissent passer la lumière et la transforment en une vision féérique. Ce n'est pas un hasard si la chanson populaire la plus connue de tous les japonais s'appelle **sakura sakura** 桜桜.
De nos jours, lorsque le printemps arrive, la météo informe sur le « front des cerisiers », c'est à dire la progression sud-nord de la floraison. Lorsque celle-ci atteint leur région, toutes affaires cessantes les Japonais se réunissent pour le **o hanami** お花見, littéralement « regarder les fleurs », mais qui signifie bien sûr la contemplation des cerisiers. Contemplation... très festive, grand moment de fête et de libations, entre amis, entre collègues.
Dans les grandes villes, il faut souvent venir très tôt pour réserver sa place sous les cerisiers.

さくらさくら
**sakura sakura**
*cerisiers, cerisiers*
弥生の空は
**yayoi no sora wa**
*dans le ciel du printemps*
見渡す限り
**miwatasu kagiri**
*à perte de vue*
霞か雲か
**kasumi ka kumo ka**
*brume ? nuages ?*
匂いぞ出づる
**nioi zo izuru**
*un parfum s'en exhale*
いざやいざや
**izaya izaya**
*viens viens*
見に行かん
**mi ni yukan**
*allons voir*

春

# Le printemps

Le printemps est une saison importante dans la culture japonaise et se retrouve tout naturellement très représentée dans les **manga** 漫画. Cette saison correspond à la fois à la fin d'une année scolaire – l'année scolaire se termine en mars. La fin d'un cycle est clôturée par le **sotsugyôshiki** 卒業式, *la cérémonie de remise des diplômes* et en général, les **sakura** 桜, *fleurs de cerisier*, sont au rendez-vous.

Des **o hanami** (お花見), *pique-nique pour admirer les cerisiers en fleurs*, sont organisés à cette période.

En avril, la rentrée scolaire débute par le **nyûgakushiki** 入学式, *la cérémonie de début d'année*, où les élèves sont accueillis pour la nouvelle année.

制服 **seifuku** *l'uniforme des élèves*

Les personnages de **manga** 漫画 sont bien souvent représentés en uniforme d'écolier. Tout dépend du type d'ouvrage évidemment, mais beaucoup sont à destination des écoliers, on retrouve donc indéniablement l'uniforme ! Il peut même devenir le costume des personnages, nous pensons tous à *Saylor Moon* !

Le printemps c'est aussi synonyme de fêtes, comme le grand pont de mai, **gôruden uîku** ゴールデンウイーク,« golden week » !

C'est un jour dédié aux petites filles japonaises. Des *poupées* (**hina ningyô** 雛人形), censées repousser les esprits maléfiques, sont exposées sur l'estrade, en l'honneur des petites filles de chaque foyer.

◆ 雛祭り
**hina matsuri**
*fête des poupées du 3 mars*

夏
## L'été

En été, il y a également de nombreuses **matsuri** 祭り, *fêtes*, avec souvent un **hanabi** 花火 – qui signifie à la fois feu d'artifice et des bâtons d'étincelles que l'on fait brûler. Les femmes revêtent un **yukata** 浴衣, vêtement traditionnel japonais d'été pour se promener dans les allées de la fête.

Un autre vêtement traditionnel japonais que l'on retrouve dans la plupart des **manga** 漫画 est le **kimono** 着物.

Ce dernier, qui était porté autrefois tous les jours, ne l'est plus. Pour des questions pratiques, on le réserve aux grandes occasions ou aux pratiques d'art traditionnel comme la cérémonie du thé. La forme d'un **kimono**, notamment de ses manches, indique la position sociale d'une femme (mariée, célibataire, fortunée ou non, etc.)

◆ 着物
**kimono**
*kimono*

En août, au cœur de l'été, il y a le **obon** お盆, *la fête des morts*. Durant ces quelques jours une grande partie des Japonais prennent un congé. Nous avons d'ailleurs vu dans notre premier chapitre que c'est une occasion de repos rêvée pour nos **mangaka** 漫画家 !

L'été que l'on retrouve dans les **manga** 漫画, c'est aussi : **kakigôri** かき氷, *glace pilée*, **semi** セミ, *cigale japonaise*, **suikawari** スイカ割り, *le jeu de la pastèque* – un jeu de plage incontournable –, etc.

秋
## L'automne

C'est une saison très appréciée des Japonais. Après la chaleur de l'été, l'automne est connu pour être propice à la lecture (**dokusho no aki** 読書の秋, *l'automne de la lecture*) et à la gourmandise (**shokuyoku no aki** 食欲の秋, *l'automne qui ouvre l'appétit*).

Cependant, le sport a aussi la part belle. En effet, c'est à cette période que se déroule le **undôkai** 運動会, *la fête du sport*, dans les écoles. C'est l'occasion pour les parents de venir encourager leurs enfants. Au vu du succès des manga de sport, cette fête est très souvent représentée dans les bandes dessinées japonaises.

À l'école est organisé également le **bunkasai** 文化祭, *la fête de la culture* : un événement phare pour les **seito** 生徒 *élèves* et les **sensei** 先生 *professeurs*. Chaque **kurasu** クラス, *classe* tient un stand et de nombreuses animations viennent rythmer cette journée festive où des personnes extérieures à l'établissement sont invitées.

Les éléments marquant l'automne dans les **manga** 漫画 sont :

Une coutume où on contemple la *lune* **tsuki** 月. Depuis toujours, la lune est très importante aux yeux des Japonais. À l'automne, une fois par an, lors de la pleine lune, lors du **chûshû no meigetsu** 「中秋の名月」, on admire la lune en donnant en offrande des **odango** お団子, *boulettes rondes qui évoquent la lune*, et des branches de **susuki** すすき *herbes de la pampa.*

◆ 月見 **tsukimi** *contemplation de la lune*

Pour signifier la couleur, l'utilisation des dégradés de noir et de gris est appliquée, avec des feuilles de trame appropriées. Le lecteur connait les couleurs des feuilles en automne, il n'a plus qu'à les imaginer dans l'histoire qu'il est en train de lire.

◆ 紅葉 **kôyô** *les feuilles colorées d'automne*

赤トンボ **aka tombo**, *les libellules*

団子 **dango**, *brochette de boulettes de riz.*

冬

# L'hiver

L'hiver, le lecteur voit ses personnages fétiches passer les fêtes de fin d'années en dévorant des **mochi** 餅, ou gravir le fameux Mont Fuji tout en vivant tout plein d'aventures !

クリスマス
**kurisumasu**
*Noël*

◆ Pour la majorité des Japonais, qui ne sont pas chrétiens, **kurisumasu** クリスマス, Noël est une fête pour les enfants ou un moment que l'on passe en amoureux.

お正月
**o shôgatsu**
*les fêtes du jour de l'an*

◆ En revanche, **o shôgatsu** お正月, *les fêtes du jour de l'an*, qui démarre la nuit du 31 décembre est une fête que l'on passe en famille, dans le calme. Après avoir écouté à minuit, le **joya no kane**, 除夜の鐘, *douze coups de cloche du temple*, on se souhaite la bonne année et on se rend dans les temples pour le **hatsumôde** 初詣, *la première prière au temple* (de l'année) souvent en **kimono**, 着物, pour les femmes.

Certains en profitent pour monter sur le **fujisan** 富士山, *Mont Fuji* pour admirer le **hatsuhinode**, 初日の出, *le premier lever du soleil de l'année.*

Cette montagne est un important symbole japonais, présent dans de nombreux **manga** 漫画 et autres formes d'œuvres artistiques. Il y en a même certaines qui lui sont consacrée. *Trente-six vues du Mont Fuji*, du célèbre KATSUSHIKA Hokusai présente de magnifiques estampes. Cette œuvre très respectée est véritablement une source d'inspiration pour de nombreux artistes.

KATSUSHIKA Hokusai. Hokusai, dont le surnom était « Vieux fou du dessin » est ce peintre du XIXe siècle, rendu célèbre par son œuvre sur le Mont Fuji (composée de 46 estampes).

Le 14 février est le jour de *la Saint Valentin*, **barentain** バレンタイン, un événement très suivi par les Japonais. En effet, les filles offrent des **giri choko** 義理チョコ, *chocolats de remerciement*, pour remercier les hommes de leur entourage. Il faut les différencier du **honmei choko** 本命チョコ , *le chocolat d'amour*, qui est un bon moyen de déclarer sa flamme.

◆ バレンタイン
**barentain**
*la Saint Valentin*

Le 14 mars est la date du **howaito dê** ホワイトデー, *White day*, inventé afin que les hommes ayant reçu des chocolats le jour de la Saint Valentin puissent offrir un cadeau de remerciement aux filles.

◆ ホワイトデー
**howaito dê**
*White day*

餅 **mochi**, pâte de riz gluant que l'on mange traditionnellement au début de la nouvelle année.

« À force de passer autant de temps
sur la même montagne... Finalement...
Qu'est-ce que vous trouvez à dessiner ?
Parce que le Fuji, de quelque côté qu'on le regarde,
il a toujours la même forme...
La même forme ? Si on fait un pas sur le côté,
il parait sous une autre forme ! »
– ISHINOMORI Shôtarô

Les **manga** 漫画 sont donc très rythmés par les saisons, mais il y a également des symboles de la culture nippone en général qui sont très présents. Nous pouvons citer entre autres le **shinkansen** 新幹線, et les **onsen** 温泉 *sources thermales d'eau chaude*. Tous ces évènements, activités et mets marquent l'histoire et la vie des personnages. Les lecteurs reconnaissent également ces événements. En général, quand un **manga** 漫画 est paru en série, l'auteur veille à dessiner une histoire qui se passe à la même saison pour que les lecteurs puissent mieux s'identifier. Par exemple, un chapitre sur Noël et les flocons de neige ne paraîtra pas au mois d'août caniculaire !

Ces symboles permettent d'ancrer l'histoire dans un monde « japanophone » pour que le lecteur puisse reconnaitre les codes culturels, s'identifier à un des personnages ou tout simplement profiter de ce voyage littéraire à la recherche d'exotisme ! Le second plan est attribué aux événements, ils permettent de planter le décor et de mettre en lumière les personnages.

# Les personnages

キャラクター

# キャラクター

# LES PERSONNAGES

Les *personnages* **kyrakutâ** キャラクター permettent aux *lecteurs* **dokusha** 読者 de s'évader, voire de s'identifier dans les bandes dessinées. L'**otaku** オタク s'attache aux héros et/ou aux personnages qui gravitent autour du/des protagonistes. Ce sont eux qui guident les lecteurs dans leur monde. Les séries paraissent parfois pendant des années dans le même magazine, au rythme d'un par semaine ou par mois. Fidèles aux rendez-vous, les lecteurs s'attachent à leurs héros. Certains personnages mythiques entrent dans la sphère de l'affect des lecteurs, ils leur sont familiers et leurs répliques deviennent cultes.

Faisons le tour des personnages qui apparaissent dans les bandes dessinées japonaises !

キャラクター、人物
**kyrakutâ, jinbutsu**
*les personnages*

◆ Personnages qui apparaissent dans l'histoire. Ils sont souvent codifiés en fonction du genre de **manga** 漫画. Toutes les histoires sont racontées par des *personnages*, **kyrakutâ** キャラクター. C'est à travers eux que nous vivons des aventures, que nous éprouvons des émotions variés et des sentiments intenses. Qu'ils soient gentils ou méchants, nous apprenons à les connaître au fil des planches, jusqu'à les aimer ou les haïr. Au Japon, certains personnages sont devenus de véritables idoles nationales.

C'est notamment le cas du personnage DORAemon de la série éponyme ou encore, la famille Isono de Sazae san. Il y a une « rue Sazae san » dans chaque ville où HASEGAWA Machiko a vécu – une à Tôkyô dans le quartier où elle a résidé, qui a servi de décor, et dans la ville de Fukuoka (département de Fukuoka).

*Sazae san* raconte les aventures d'une jeune femme et de sa famille dans le Japon de l'après-guerre. Cette série dessinée par HASEGAWA Machiko a débuté en 1946 et a été publiée jusqu'en 1974 sous forme d'un manga en quatre cases dans différents journaux. Son adaptation en dessin animé l'a également rendue très célèbre dans l'archipel. C'est une œuvre très intéressante tant au niveau des mœurs japonaises que d'un point de vue sociologique.

**Pourrez-vous reconnaître à qui appartiennent les répliques ci-dessous ?**

A ◆ Le roi des pirates, ce sera moi !
「海賊王に
おれはなるっ!」
*kaizoku ô ni ore wa naru !*

B ◆ Tu es déjà mort.
「おまえはもう死んでる。」
*omae wa mô shinderu.*

C ◆ Kamehameha !
「かめはめ波　!」
*kamehameha !*

**Réponses au jeu du début de chapitre :**
A ◆ Luffy de *One Piece* de ODA Eiichirô, B ◆ Ken de *Hokuto no Ken* de HARA Buronson, C ◆ Gokû de *Dragon Ball* de TORIYAMA Akira.

漫画の中のキャラクター

## Les personnages dans le manga

Le **manga** 漫画 n'échappe pas à la règle, il met en scène le plus souvent un protagoniste. Comme dans toute œuvre littéraire, il est souvent entouré de son ou ses acolytes et d'autres personnages qui gravitent autour de lui. Ces personnages hauts en couleur ont d'ailleurs beaucoup de succès auprès des lecteurs !

キャラが立つ
**kyara ga tatsu**
*un personnage qui en impose*

◆ Expression typique à propos d'un personnage. Littéralement, cela signifie « le personnage est debout ». Il s'agit d'un personnage dont le tempérament est affirmé et qui a une vraie présence. À l'inverse, l'expression **kyara ga usui** キャラが薄い « le personnage n'a pas beaucoup de présence » est employé pour un personnage qui ne fait pas grande impression.

主人公、ヒーロー、ヒロイン
**shujinkô, hîrô, hiro.in**
*personnage principal, héros, héroïne*

◆ Personnage principal du récit. Il est le moteur, et c'est avec lui que l'histoire avance. Il doit donc être forcément intéressant et séduisant même s'il a des défauts et n'est pas parfait. Dans la plupart des cas, le personnage principal est un garçon pour un **shônen** 少年, et une fille pour un **shôjo** 少女. Toutefois, ces derniers temps, il arrive qu'un garçon soit le personnage principal d'un **shôjo** 少女 comme dans *Honey and Clover* de UMINO Chika – où le héros, TAKEMOTO Yûta, est entouré de nombreux autres personnages attachants.
D'autre part, il existe de plus en plus des anti-héros en **shujinkô** 主人公, *personnage principal*. Leur maladresse ou leurs défauts les rendent sympathiques aux yeux des lecteurs. Le plus célèbre

d'entre eux est sûrement Nobita dans *DORAemon*, qui est mauvais en classe, piètre sportif et dont l'activité favorite est la sieste !

Qui dit héros, dit ennemi... Chaque héros a son adversaire, le méchant, *l'ennemi* **(tekikyara** 敵キャラ), qui permettra de mieux le mettre en valeur.

◆ ライバル
**raibaru**
*le/la rival/e*

Il s'agit du personnage qui se dresse devant le personnage principal, l'antagoniste. Le rival est souvent très séduisant et aussi très doué, parfois plus doué que le **shujinkô** 主人公, *personnage principal*. En effet, plus il est fort, plus le personnage principal est mis en valeur quand il le vainc. Nous pouvons citer Sasuke, le rival de Naruto dans l'œuvre éponyme de KISHIMOTO Masahi. Dans le cas d'un **shônen** 少年, les personnages rivaliseront en sport, en combat, en technique, etc. Alors que dans la plupart des **shôjo** 少女 la rivalité est surtout amoureuse.

◆ サブキャラ
**sabukyara**
*personnages secondaires*

Le rôle des **sabukyara** サブキャラ, *personnages secondaires* est important dans l'histoire, et souvent, ils sont hauts en couleur. Ils ont une présence et une vraie personnalité. Pour ses personnages secondaires, l'auteur a davantage de liberté : il peut leur donner un caractère ou une apparence plus originale que pour un personnage principal. Peut-être est-ce pour cela que l'auteur aime les dessiner ? Ils sont également plébiscités par les lecteurs, qui éprouvent de la sympathie pour eux. Nous pouvons citer par exemple, le célèbre *Chopper* de *One Piece* d'ODA Eiichirô.

*One Piece* met en scène un garçon, Luffy, qui veut devenir le roi des pirates dans un récit d'aventure devenu un phénomène mondial, comme beaucoup de **shônen** 少年. Ses amis et lui voyagent, affrontent des ennemis et approfondissent leurs liens d'amitié. Les personnages, très variés, émouvants et drôles, sont très populaires auprès des lecteurs, jeunes garçons comme adultes. *One Piece* paraît en série dans la revue *Shûkan Shônen Jump* depuis 1997. En novembre 2013, la série a dépassé les 300 millions de volumes vendus. C'est un record de vente de bandes dessinées historique au Japon.

モブ
**mobu**
*figurants*

◆ Il y a toujours des personnages qui restent dans l'ombre par rapport aux autres, ce sont les **mobu** モブ, *figurants*. Personnages dont l'identité n'intéresse pas. Ce sont des gens dans une foule par exemple. Toutefois, ils sont nécessaires à l'histoire. Souvent dessinés par des assistants, il arrive que le style graphique de ces personnages soit différent de celui des personnages principaux dessinés par l'auteur.

## キャラクターの属性
## Catégorie à laquelle appartiennent les personnages

Même s'il existe des bandes dessinées sur des sujets divers et variés, il est possible de retrouver certains schémas d'une œuvre à l'autre. Il y a également certaines catégories typiques de personnages de **manga** 漫画. Les voici !

Personne plus âgée que le protagoniste ou qui a plus d'expérience, à l'école, au bureau ou dans une pratique sportive. Le **senpai** 先輩 doit aider et accompagner le **kôhai** 後輩, *moins expérimenté* – qui l'admire le plus souvent. Cependant, il arrive qu'un **senpai** 先輩 soit dur avec son **kôhai** 後輩 ou qu'il le tourne en ridicule.
Un grand classique des histoires d'amour en milieu scolaire est une fille amoureuse d'un garçon d'une classe supérieure (son **senpai** 先輩).

◆ 先輩
**senpai**
*le plus expérimenté que soi*

L'opposé du **senpai** 先輩 dans les **manga** 漫画. C'est une personne moins expérimentée que le héros et le **senpai** 先輩. Il leur doit le respect. Le **senpai** 先輩 ne l'appelle pas **kôhai** 後輩 alors que ce dernier va l'appeler **senpai** 先輩 en signe de respect.
Le **senpai** 先輩 est censé être bienveillant envers son **kôhai** 後輩, plus jeune. Mais qui aime bien châtie bien, surtout au pays du Soleil levant !

◆ 後輩
**kôhai**
*le moins expérimenté que soi*

Dans les bandes dessinées qui se passent en milieu scolaire, un classique reste l'histoire d'amour entre élève et professeur. Une élève fille est amoureuse d'un professeur ou un élève garçon fantasme sur une professeur sexy. En général, c'est platonique et s'ils sortent ensemble, c'est une fois les études de l'élève terminées. Un autre grand thème autour de la relation entre le professeur et l'élève est la passion de l'enseignement. Le professeur se donne corps et âme à son métier et parvient à remettre sur le droit chemin les élèves les plus durs et récalcitrants.

◆ 先生と生徒
**sensei to seito**
*le maître et l'élève*

Rappelez-vous que le terme **sensei** est utilisé en marque de respect pour un auteur de manga 漫画.

Nous pouvons citer ici *GTO* (*Great Teacher Onizuka*) qui raconte les aventures d'un professeur aux pratiques éducatives inhabituelles. Sa pédagogie et son passé de délinquant lui attirent les foudres de ses collègues, mais, chargé d'une classe difficile, il obtient de bons résultats auprès de ses élèves. La série, publiée chez Pika Editions, a remporté un grand succès.

彼氏、彼女 **kareshi, kanojo** *petit/e ami/e* ◆ Dans certains **shônen** 少年 ou **shôjo** 少女 l'objectif du héros est d'avoir un ou une petite amie (**kareshi** 彼氏 pour un *petit ami* et **kanojo** 彼女 pour une *petite amie*). Son image peut être fantasmée et son rôle plus ou moins important dans l'œuvre. Car c'est parfois par son absence que cette catégorie de personnage brille !

兄弟、姉妹 **kyôdai, shimai** *frères, sœurs* ◆ Au Japon, le frère et la sœur sont immédiatement identifiables au sein de la fratrie par rapport à leur ordre de naissance. Par exemple, on est un *grand frère*, **oniisan** お兄さん ou **oniichan** お兄ちゃん, ou un *petit frère*, **otôto** 弟, une *grande sœur*, **oneesan** お姉さん ou **onee-chan** お姉ちゃん, ou une *petite sœur* **imôto** 妹.

「彼氏がほしいいい。」
*« kanojo ga hoshiiii ! »*

« Je veux un petit ami ! »

「あいつの彼女かわいい。」
*« aitsu no kanojo kawaii. »*

« Sa petite amie est mignonne. »

「お前の妹（姉ちゃん）に会わせろよ〜」
*« omae no imôto (neechan) ni awasero yo »*

## « Allez ! Présente-moi ta petite (grande) sœur ! »

Dans les œuvres destinées à un lectorat masculin, il existe un genre à part entière appelé **imôto moe** 妹萌え où le grand frère est amoureux de sa petite sœur. C'est un genre qui a du succès.
Autre chose importante : la petite sœur appelle son *grand frère* **oniichan** お兄ちゃん, qu'elle soit sa petite sœur de sang, une demi-sœur – dans une famille recomposée –, une amie d'enfance plus jeune ou une cousine. Autrement dit, c'est une fille proche et jeune.

◆ 旦那、嫁
**danna, yome**
*mari, femme*

La manière classique d'appeler son mari est **danna** 旦那. C'est un terme assez honorifique, qui permet de le mettre en valeur. Il est souvent écrit en alphabet **katakana** pour donner un côté plus léger : ダンナ. Pour *l'épouse*, le mari dit **yome** 嫁. C'est une expression du **kansai** (関西 région du Japon) qui donne un côté sympathique et humoristique.

◆ 両親
**ryôshin**
*les parents*

Les **ryôshin** 両親, *parents* sont appelés de manière différente selon les personnes qui en parlent. La manière la plus classique de les appeler est **otôsan** お父さん, *père* et **okaasan** お母さん, *mère*. Les jeunes filles ou les enfants ont tendance à dire **papa** パパ ou **mama** ママ. Les jeunes garçons utilisent **ofukuro** お袋. Mais ces temps-ci, une appellation avec une touche de légèreté et d'humour, originaire de la région du **kansai** 関西, une fois de plus, apparaît souvent dans les **manga** 漫画 : **okan** おかん, pour la *mère* et **oyaji** 親父, pour le *père*. Ces termes sont couramment employés par les adolescents pour éviter la gêne de dire maman.

オタクの人気者

## Les personnages préférés des otaku

Certains personnages ont particulièrement la cote auprès des fans de bandes dessinées japonaises. Notamment, les personnages féminins. Quelques figures sont très **moe** 萌え, c'est-à-dire source d'affection voire de fantasme pour les **otaku** オタク.

ツンデレ
**tsundere**
*cœur tendre dans une carapace*

◆ Un des types de personnages féminins qui apparait dans les bandes dessinées, les dessins animés et les light novels sont des femmes qui passent de l'attitude un peu hautaine et difficile d'abord **tsun** ツン, à une attitude de demande d'être choyée et câlinée **dere** デレ. **tsun** ツン et **dere** デレ font tous deux référence à des onomatopées japonaises souvent utilisées. Il existe aussi des hommes **tsundere** ツンデレ.

Le personnage Ritsu dans *Mademoiselle se marie* est un **tsundere** ツンデレ.

*Mademoiselle se marie* met en lumière une famille traditionnelle japonaise, dont la jeune fille Towako est promise, depuis son âge le plus tendre, à Yûga. Ce jeune homme fut désigné fiancé pour la simple raison d'être né le même jour et à la même heure.

「カトリーヌ先生の日本語講座」
**Les leçons de japonais de Catherine sensei**

**otoko no ko**
男の娘（おとこのこ）
Comme les kanji 漢字 représentent un sens, on peut s'amuser avec, indépendamment de leur prononciation.
Un garçon, une fille se disent respectivement **otoko no ko** 男の子 (litt : « un enfant de sexe masculin ») et **onna no ko** 女の子 (litt : « un enfant de sexe féminin »). C'est le kanji **ko** 子 qui veut dire enfant. Ce **kanji** 漢字 s'emploie dans certaines expressions où il signifie, en fait, une jeune fille. Ainsi dans l'expression **meganekko** メガネっ娘, une fille à lunettes il s'agit forcément d'une fille (bien que **ko** 子 désigne de façon indifférenciée un « enfant-garçon » ou un « enfant-fille »). On devrait écrire **meganckko** メガネっ娘, mais on peut aussi remplacer le kanji **ko** 子 par un autre qui veut dire précisément une jeune fille, 娘 : メガネっ娘. Ce kanji 漢字 se prononce normalement **musume** 娘, mais devient provisoirement une manière d'écrire **ko** 子, avec le sens jeune fille. Quand on fait la même chose, remplacer **ko** 子 par musume 娘, dans l'expression **otoko no ko**, cela donne 男の娘 et change complètement le sens : on comprend bien que c'est un garçon, mais si mignon qu'on dirait une fille. Un peu compliqué, mais efficace !

男の娘
（おとこのこ）
**otoko no ko**
*garçon fille*

Un garçon adorable qui ressemble à une fille. Il n'est pas forcément travesti ou gay.

Exemple : Finnian dans *Black Butler*.

美少女キャラ
**bishôjo kyara**
*personnage de jolie fille*

Un personnage féminin, jeune, aux traits parfaits. L'héroïne peut être l'unique **bishôjo kyara** 美少女キャラ, de l'œuvre. Dans certains **manga** 漫画, plusieurs personnages de ce type apparaissent mais avec des caractéristiques différentes : cheveux longs ou courts, un tempérament joyeux ou sombre. Ils ont du succès auprès du lectorat masculin.

メガネっ娘（子） **meganekko**, *fille à lunettes*

ヤンデレ **yandere**, *amoureux maladif*

ドジっ娘（子） **dojikko**, *fille maladroite*

C'est à travers les personnages que les lecteurs plongent dans l'histoire et se passionnent ou non pour un **manga** 漫画. La palette des personnages est très variée, mais certaines types de personnages se retrouvent en fonction des genres de **manga** 漫画.

# Les genres

ジャンル

ジャンル

# LES GENRES

Il n'est pas exagéré d'affirmer qu'il existe un **manga** 漫画 sur chaque sujet ! La première segmentation du marché s'opère ainsi : des thèmes dits « majeurs », avec un lectorat important et publiés dans des revues à fort tirage ; et des thèmes dits « mineurs », sur des sujets très variés.

誰が読む

## Selon les lecteurs

De 7 à 77 ans ! Que l'on soit enfant, femme ou homme, chacun peut trouver son bonheur dans cet univers merveilleux !

幼年マンガ、児童マンガ
**yônen manga, jidô manga**
*manga pour petits enfants*

◆ Les deux termes sont utilisés sans distinction : **yônen** 幼年 et **jidô** 児童. Ils signifient *enfant*. Ces ouvrages sont destinés à des **kodomo** 子ども, *enfants* (très jeunes, de maternelle ou de petites classes de l'école primaire). Les caractéristiques du genre sont : la simplicité du contenu, un nombre de pages limité ainsi qu'un nombre restreint de **kanji** 漢字 dans les bulles. À l'école, les enfants commencent par l'apprentissage de l'écriture **kana** 仮名 plus facile. Si quelques **kanji** 漢字 sont introduits dans un manga, on facilite la lecture par la présence de **rubi** ルビ, c'est-à-dire une lecture précisée en alphabet **kana** 仮名 au-dessus des idéogrammes et des lettres de l'alphabet latin.

Comme son nom l'indique, c'est traditionnellement un ouvrage destiné à un lectorat de jeunes garçons, mais il y a de nombreuses lectrices. C'est le genre le plus populaire. Lorsqu'il y a un hit, les chiffres des ventes sont colossaux. On peut citer les 290 millions de ventes au total de *One Piece*, rien qu'au Japon !

◆ 少年マンガ
**shônen manga**
*manga pour garçons*

Les auteurs sont essentiellement masculins mais il y a quelques auteurs femmes qui percent dans ce genre : TAKAHASHI Rumiko (*Inuyasha*), ARAKAWA Hiromu (*Fullmetal Alchemist*), SASUGA Kei (*Good Ending*) – pour ne citer qu'elles.

À l'époque de Tezuka, ils étaient dessinés essentiellement par les auteurs masculins puisque les femmes n'avaient pas accès à ce métier. C'est l'inverse aujourd'hui. Pour ce qui est du lectorat, les garçons qui lisent des **shôjo** 少女 représentent une minorité.

◆ 少女マンガ
**shôjo manga**
*manga pour filles*

Œuvre destinée aux femmes. *Ladies Comic* (**redîsu komikku** レディースコミック ) est une appellation un peu datée qui rappelle les histoires avec des scènes érotiques. Le terme **josei manga** 女性マンガ n'est pas non plus un terme généralisé. Ce genre est parfois intégré dans le **shôjo manga** 少女マンガ. Autrement dit, il n'y a pas de nom générique officiel pour les bandes dessinées japonaises pour femmes. Ce terme est opposé au **seinen manga** 青年マンガ, *manga pour jeunes hommes*.

◆ 女性マンガ、レディースコミック
**josei manga, redîsu komikku**
*manga pour femmes*

何を読む

# Selon le contenu

En manga, même s'il existe des genres en fonction des **dokusha** 読者, *lecteurs* très ciblés en fonction de leur âge, leur sexe et de leurs activités, un manga peut toucher un public beaucoup plus large !

スポーツマンガ、スポ根
**supôtsu manga, supokon**
*manga de sport*

◆ **supokon** スポ根 est l'abréviation de **supôtsu** スポーツ de l'anglais « sport » et de **konjô** 根性, *l'esprit de motivation*. C'est la volonté d'aller au bout de ses capacités physiques. Le manga de sport est un thème très populaire surtout en **shônen manga** 少年マンガ. C'est un genre qui suit l'actualité et les sports à la mode.

猫マンガ
**neko manga**
*manga sur les chats*

◆ Ces dernières années, les **dôbutsu manga** 動物漫画, *manga sur les animaux* se sont diversifiés, mais les principaux restent les **neko manga** 猫マンガ, *manga sur les chats*. C'est également parce que de nombreux auteurs apprécient les chats et qu'ils en ont chez eux. Il y a donc de nombreux **manga** 漫画 narrant des tranches de vie, du point de vue du chat (*Chi, Une vie de chat*).

料理マンガ
**ryôri manga**
*manga sur la cuisine*

◆ 食べ物マンガ **tabemono manga**, *manga sur la nourriture* et, グルメマンガ **gurume manga**, *manga de gourmet*. Ces différentes dénominations regroupent un même genre. Il est révélateur d'un trait caractéristique des Japonais : leur intérêt pour *la nourriture* **tabemono** 食べ物. Il existe un **manga** 漫画 pour chaque plat imaginable, des anguilles aux pâtisseries.

Ces sujets sont traités dans différents styles : de type **batoru manga** バトルマンガ*manga de combat* comme dans *Yakitate Japan* ; plus sérieux comme le *Gourmet Solitaire*, où de vrais restaurants sont commentés ; ou encore de type documentaire, tel *Les Gouttes de Dieu*. Les scènes de repas peuvent aussi être dessinées volontairement de manière sensuelle par exemple, comme dans *Mes petits plats faciles*.

En général, on parle également du genre **misuterî** ミステリー pour les œuvres portant sur des enquêtes policières. En revanche, les *manga de détective* sont appelés **tantei manga** 探偵漫画.

◆ 推理マンガ
**suiri manga**
*manga policier*

Bandes dessinées ou romans d'amour entre personnages masculins – entre un professeur et un élève, un policier et un criminel ou encore entre deux amis d'enfance. L'œuvre relate les divers conflits et joies de leur amour. À la différence d'œuvres gay, ces œuvres sont destinées à être lues par un lectorat féminin, qui porte souvent le nom de **fujoshi** 腐女子. C'était un genre mineur il y a quelques années, mais il s'est développé à tel point que les librairies spécialisée ont désormais un rayon qui lui est dédié.

◆ ボーイズラブ（BL）
**bôizu rabu (ou bî.eru)**
*manga Boy's Love (BL)*

Histoire d'amour entre personnages masculins avec des scènes érotiques. À l'origine, son sens n'était pas limité à ce genre et signifiait une œuvre sans **yama** やま *point culminant*, sans **ochi** 落ち *chute*, et **iminashi** *vide de signification*. Les premières syllabes de ces mots **ya**, **o**, **i**, ont donné le terme **yaoi**. C'est un auteur d'œuvre de parodie qui qualifia ainsi son œuvre et le terme a perduré

◆ やおい
**yaoi**
*yaoi*

en prenant une tout autre définition. De même que le BL, le **yaoi** est lu essentiellement par des femmes. Son pendant (avec des histoires entre personnages féminins) s'appellent le **yuri** 百合.

エロマンガ ◆ **ero manga** *manga érotique*

Même si la traduction française d'**ero manga** エロマンガ est bien *manga érotique*, en France c'est plutôt le terme **hentai** 変態, *pervers*, qui est utilisé. Ces bandes dessinées sont à destination d'un public averti de plus de 18 ans. Il y a des scènes de sexe mais les parties intimes sont souvent floutées ou laissées en blanc. En France, un genre affilié aux **ero manga** エロマンガ connaît un certain succès. Il s'agit des **eroguro manga** エログロマンガ, *érotique grotesque* – sous la plume de SUEHIRO Maruo pour n'en citer qu'un.

学園マンガ ◆ **gakuen manga** *manga qui se déroule à l'école*

On peut souvent les rapprocher des **supokon** スポ根. En effet, ils sont souvent liés par la tranche d'âge aux héros de ces derniers.

歴史マンガ ◆ **rekishi manga** *manga historique*

Il s'agit d'une œuvre qui traite d'une période, d'un événement ou d'un personnage qui a marqué l'histoire. C'est une fiction car les ouvrages qui se veulent proches de la réalité sont nommés **gakushû manga** 学習漫画, *manga éducatif*.
Un exemple flagrant de **rekishi manga** 歴史マンガ : *L'Histoire des 3 Adolf* de TEZUKA Osamu.

子育てマンガ ◆ **ko sodate manga** *manga sur l'éducation des enfants*

Parfois, les auteurs sont aussi des **oya** 親, *parents*. Certains relatent leur expérience en tant que nouveau parent, souvent avec humour. C'est un genre en plein essor. Les lecteurs sont intéressés par le côté autobiographique et également parce que l'œuvre peut se révéler fournie en précieux conseils sur la manière d'élever les enfants. Les auteurs masculins qui racontent leur expérience de la paternité sont nombreux en ce début de XXIe siècle. C'est le cas de YOSHIDA Sensha qui a écrit *Mangaoya* (*Parent manga*). Son épouse ITÔ Risa est également auteure de **manga** 漫画, elle a écrit : *okaasan no tobira* (*La porte de maman*).

◆ 仕事マンガ
**shigoto manga**
*manga sur le travail*

Il présente un métier ou un secteur en particulier. Si c'est dans le cadre d'une série, on peut voir évoluer un même personnage, le suivre dans la progression de sa carrière.

Il s'agit souvent d'ouvrages très bien documentés. Certains auteurs dessinent des métiers qu'ils ont exercés avant de devenir artiste. D'autres dessinent sur la profession de **mangaka** 漫画家 (*Bakuman*). Il est vrai que plus un auteur a une expérience concrète dans le domaine, plus l'œuvre gagne en réalisme. Certains **shigoto manga** 仕事マンガ ont un **kanshû** 監修, *superviseur* qui est une personne de la profession. Tous ces genres de **manga** 漫画 racontent des histoires mais pas de la même manière. Certains procédés sont d'ailleurs associés à des genres.

Il existe d'autre part les **horâ manga** ホラーマンガ, *manga d'horreur*, et leur contraire le **gyagu manga** ギャグマンガ, *manga comique*. Les **nansensu manga** ナンセンスマンガ, *manga de l'absurde*, ou encore les **esu efu manga** (SFマンガ), manga de science-fiction. Sans oublier ceux qui parlent d'amour...

様々な表現

# Les différents modes d'expression

ストーリーマンガ ◆ **sutôrî manga** *story manga*

Comme son nom l'indique, il s'agit d'une bande dessinée qui raconte une histoire. Les thèmes peuvent être variés. Actuellement les **manga** 漫画 révèlent tous une histoire donc ils peuvent tous être qualifiés de **sutôrî manga** ストーリーマンガ, *story manga*. On dit souvent que c'est Tezuka qui a développé le genre.

劇画 ◆ **gekiga** *gekiga*

Né dans les années 1950, le nom de ce style est proposé par TATSUMI Toshihiro. Avec des sujets plus sérieux et un graphisme réaliste, le **gekiga** 劇画 apparaît comme un **manga** 漫画 destiné aux adultes, loin de ceux qui existaient jusque-là, destinés essentiellement aux enfants. TEZUKA Osamu considérait le **gekiga** 劇画 comme une menace pour son propre style.

TATSUMI Yoshihiro a marqué son époque par la création du style **gekiga** (劇画) dans les années 1950. Jusqu'alors les bandes dessinées japonaises s'adressaient principalement à la jeunesse japonaise, avec des dessins édulcorés que va ternir Tatsumi pour donner plus de réalisme. Il visait un public plus adulte, en narrant des histoires plus sombres. Cette période d'après-guerre semble marquer le milieu, et ce courant alternatif va diviser les auteurs qui pourront alors choisir d'être **mangaka** 漫画家 ou **gekigaka** 劇画家. Parmi les plus célèbres, nous retrouvons SAITÔ Takao.

L'auteur de **gekiga** 劇画 peut être appellé **gekigaka** 劇画家 comme HIRATA Hiroshi – auteur de *Plus forte que le sabre* ou *Satsuma*.

Le **yonkoma manga** 4コママンガ est le plus populaire. Il est facile à lire et à comprendre, et donc accessible à tout type de lecteurs. Il existe des revues spécialisées, composées uniquement de **yonkoma manga** 4コママンガ, *manga en 4 cases* ; et il y en a toujours dans les revues et les journaux. Il permet aux lecteurs de faire une pause après une succession de **sutôrî manga** ストーリーマンガ, *story manga*. Cela crée un rythme dans la lecture de la revue. En général, deux **manga** 漫画 sont présentés par page. Chaque histoire se termine à la 4e case. Toutefois, certains auteurs parviennent à créer une légère continuité en 8 cases, présentées sur 4 pages. Cela requiert une grande technique, et le ton est souvent humoristique.
Les plus célèbres ont été adaptés en dessins animés tels *Sazae san* ou *Mes voisins les Yamada*.

◆ 4コママンガ
**yonkoma manga**
*manga en 4 cases*

C'est un genre qui s'exprime en **hito koma** 一コマ, *une case*, en une **irasuto** イラスト *illustration*. Les plus représentatifs sont les dessins satyriques des journaux sur des thèmes politiques ou de société.

◆ 一コマ漫画
**hitokoma manga**
*manga en 1 case*

BD sur la vie quotidienne. Ces œuvres ont une grande part autobiographique. L'auteur raconte/dessine son expérience. Par exemple, une auteure peut dessiner sa grossesse et ses expériences de jeune maman, ou bien, son déménagement de Tôkyô à Paris comme dans *Pariparidensetsu* (*La légende de Paris Paris*) de KAWAKAMI Junko.

◆ エッセイマンガ
**essei manga**
*manga*
*tranche de vie*

# Les techniques du manga

漫画の技法

漫画の技法

# LES TECHNIQUES DU MANGA

Pour plonger les **dokusha** 読者, *lecteurs* dans l'histoire, leur donner la sensation de mouvement, d'action, et apporter un visuel dynamique, diverses techniques sont utilisées.

特等席から見る漫画

## Aux premières loges

Les techniques d'expression du **manga** 漫画 sont souvent inspirées de celles du cinéma. Les mots et les dessins prennent vie à travers le focus de l'artiste et les procédés employés :

カメラワーク **kamera wâku** *travail de la caméra*

◆ À l'origine, il s'agit d'un terme utilisé dans le domaine de la photo et du cinéma – manière de bouger l'objectif pour filmer son sujet. Le terme a été adapté au domaine du manga ; c'est le regard du **mangaka** 漫画家 qui devient l'objectif de la **kamera** カメラ, *caméra*. C'est important au moment de déterminer la composition du dessin.

アップ **appu** *gros plan*

◆ De l'anglais, « up », c'est une technique couramment employée pour transmettre les émotions des personnages ou pour attirer l'attention des lecteurs sur un détail, comme des clés qui tombent d'une poche.

俯瞰、アオリ **fukan, aori** *la plongée et la contre plongée*

◆ C'est une des techniques les plus connues qui s'applique au cinéma. La première est une description faite à partir d'une certaine hauteur. Le regard est dirigé du haut vers le bas. Cela permet de donner une vue d'ensemble et de montrer

**exemple d'une vue en plongée.**
*It's Your World* © (t.2 p.42) 2008 KAWAKAMI Junko - KANA (Dargaud-Lombard s.a.)

où sont placés les personnages. La seconde, à l'inverse, est une description faite à partir d'une position basse. Le regard se dirige du bas vers le haut. La chose ou la personne représentée paraît en situation de domination et en impose. Ces plans permettent de ne pas lasser les lecteurs et d'apporter une variation dans une scène avec de longs dialogues par exemple.

Ces termes techniques sont complètement empruntés aux mouvements de la caméra. Quand on s'approche du sujet filmé c'est le **yori** (寄り) et quand on s'en détache, le **hiki** (引き).

◆ 寄り、引き
**yori, hiki**
*travelling avant, travelling arrière*

「このコマは寄りで主人公の顔を見せるよりも、引きで全体を見せたほうが読者に状況がわかりやすいのでは？」（編集者がマンガ家に）

*« kono koma wa yori de shujinkô no kao o miseru yori mo,*
*hiki de zentai o miseta hô ga dokusha ni jôkyô ga wakariyasui no de wa ? »*
*(henshûsha ga mangaka ni)*

« Pour cette case, au lieu de montrer le personnage principal en travelling avant, si on montre l'ensemble en travelling arrière les lecteurs comprendront mieux la situation, non ? »
(Un éditeur à un auteur de manga)

セリフ

## Les répliques

ナレーション **narêshon** *la voix off* ◆ Voix du narrateur qui peut être extérieure à l'histoire ou à un des personnages principaux. Dans le cas d'un livre, la voix off est exprimée dans des récits, sous la forme de rectangles superposés à l'image principale de la case. Elle peut servir à expliquer ou à donner au lecteur des informations comme un lieu, une date, ou un horaire.

モノローグ **monorôgu** *le monologue* ◆ Voix intérieure du personnage. Souvent exprimée dans des bulles de pensée, elle transmet au lecteur ce que le personnage ressent vraiment.

La narration se présente sous forme de dialogues, mais également par les **manpu** 漫符, idéogrammes manga qui servent à évoquer les sentiments, le bruits des éléments extérieurs, etc.

Petits dessins ou signaux qui représentent des codes typiques au **manga** 漫画. Ils donnent une explication supplémentaire sur l'état d'esprit ou les émotions d'un personnage, un bruit, etc. Par exemple, cela peut être une note de musique près de la bouche d'un promeneur. On comprend alors qu'il siffle. Les **manpu** 漫符 sont révélateurs de l'époque de l'ouvrage. Ils ne sont pas utilisés de la même façon dans les ouvrages de Tezuka que dans ceux d'aujourd'hui.

◆ 漫符
**manpu**
*idéogrammes manga*

1 ◆ Le sommeil
2 ◆ La colère
3 ◆ Panique, embarras
4 ◆ Pas en forme, pâleur
5 ◆ La colère
6 ◆ Panique, embarras
7 ◆ Timidité, gêne
8 ◆ Surprise, s'apercevoir de qqch
9 ◆ Surprise, s'apercevoir de qqch de manière intense

SA...
... C'EST...
ぴょこん
HOP
SALUUUUT...
... UNE GOTHIC LOLITA ?!
son V de la victoire n'est pas très naturel !

## beta, beta furasshu, tachikiri.

*It's Your World* ©
(t.2 p.18) 2008
KAWAKAMI Junko - KANA
(Dargaud-Lombard s.a.)

## shûchûsen.

*It's Your World* ©
(t.2 p. 52) 2008
KAWAKAMI Junko - KANA
(Dargaud-
Lombard s.a.)

## kôkasen.

*It's Your World* ©
(t.2 p.42) 2008
KAWAKAMI Junko -
KANA (Dargaud-
Lombard s.a.)

コマの中

# Au fond des cases

L'arrière-plan est tout aussi important que le premier plan dans les bandes dessinées. Les détails sont tout aussi intéressants. La majorité des cases étant en noir et blanc (seules les premières pages sont colorisées), le dessinateur est astreint à une utilisation du noir consciencieuse, réfléchie et précise.

背景 **haikei** *l'arrière-plan* ◆ Apparaît au fond d'une case, derrière le personnage, et indique l'endroit où il se trouve. Ce peut être un paysage réaliste, des motifs qui expriment l'état d'esprit du personnage ou un remplissage de noir. Les arrière-plans contribuent grandement à l'atmosphère du **manga** 漫画. Dans la plupart des cas, ce sont les assistants qui les dessinent. Il est également possible de coller une trame préimprimée sur une planche ou de l'insérer par ordinateur sur une planche numérique. Certains auteurs travaillent à partir de photographies retouchées.

効果線 **kôkasen** *les lignes à effets spéciaux* ◆ Lignes utilisées en arrière-plan pour créer une illusion de mouvement. Cela va des lignes de vitesse qui sont plusieurs lignes droites parallèles, aux lignes courbes, qui peuvent évoquer une trajectoire « désorientée » comme celle d'un ivrogne titubant. Ces lignes font partie des modes d'expressions typiques du **manga** 漫画.

集中線 **shûchûsen** *les lignes de concentration* ◆ Une multitude de lignes qui convergent vers le centre. Cela a l'avantage de mettre en avant ce qui est dessiné au milieu et de créer une certaine tension.

Colorier en noir une partie plus ou moins importante de la planche. Cela va des cheveux à tout l'arrière-plan d'une case.

◆ ベタ
**beta**
*le remplissage de noir*

Un rayonnement blanc entouré d'un fond noir. La partie blanche est en général la couleur de feuille d'origine laissée intacte. Elle met l'accent sur ce qui est au centre du blanc.

◆ ベタフラッシュ
**beta furasshu**
*fond noir avec rayonnement blanc*

Toutes ces différentes techniques vont s'incorporer dans la planche pour un rendu naturel. La composition de cette dernière varie souvent d'une page à l'autre et elle est essentielle pour le dynamisme et la narration du **manga** 漫画. En comparaison avec la fabrication d'un film, qui nécessite de grands moyens techniques et une équipe conséquente, celle d'un **manga** 漫画 ne nécessite qu'une feuille et une plume pour créer un univers tout aussi riche.

# マンガ原稿の各部名称

# Le nom des parties d'une planche de manga

マンガ原稿の各部名称

# LE NOM DES PARTIES D'UNE PLANCHE DE MANGA

マンガ原稿用紙

## La planche de manga

マンガ原稿用紙 ◆ **manga genkôyôshi** *planches vierges pour dessiner un manga*

Papier spécifique pour dessiner un **manga** 漫画. Les planches prépubliées dans les magazines sont au format B4 (en cm : 25 x 35,3). Certains auteurs dessinent sur du B5 (en cm : 17,6 x 25), notamment les auteurs qui publient dans des fanzines. Sur la **genkôyôshi** 原稿用紙, on trouve des lignes directrices pour délimiter les parties où doit dessiner l'artiste – tel un gabarit pour une mise en page. Les auteurs professionnels et amateurs emploient les mêmes planches. Certaines revues spécialisées de manga ont leur propre modèle de planche que les **mangaka** 漫画家 doivent utiliser. Un élément important est de ne pas oublier de dessiner les **tombo** トンボ, *les bordures des coins*. Mais l'élément crucial d'une planche, reste *la case* **koma** コマ. Ce sont les cases qui permettent de raconter l'histoire. Suivons-les !

コマ ◆ **koma** *les cases*

Il s'agit de plusieurs vignettes qui délimitent l'espace de la page. Le nombre de **koma** コマ, *cases* dans une planche n'est pas fixé et varie selon l'auteur et le genre. La taille et la forme des **koma** コマ changent en fonction de l'histoire.

*les contours d'une planche, à échelle réduite.*

断ち切り線 **tachikirisen** ou encore 仕上がり線 **shiagarisen**, *les lignes de découpe*, soit *les lignes de contour extérieur de la planche* situées après le 内枠 **uchiwaku** *le contour intérieur*. Le **tachikirisen** délimite le format du livre. Le 塗り足し線 **nuritashisen** indique jusqu'où dessiner pour avoir un dessin bien « découpé ».

À la place des planches, certains auteurs utilisent parfois du papier pour dessiner les manga : **ken-toshi** ケント紙 papier blanc de bonne qualité et assez épais ; et **copî yôshi** コピー用紙, qui est un papier classique utilisé dans les imprimantes et les photocopieuses.

小ゴマ ◆ **shôgoma** *petite case*
Case petite, qui peut même être minuscule. Elle aide à montrer des détails qui indiquent le lieu de la scène ou encore un gros plan d'un élément dessiné dans une case précédente. Elle sert à mettre l'accent sur un élément de l'histoire à un instant T.

中ゴマ ◆ **chûgoma** *moyenne case*
La case moyenne est une case de taille classique. Il peut y en avoir deux ou trois par lignes.

大ゴマ ◆ **ôgoma** *grande case*
Case qui est plus grande qu'un tiers de la planche. Elle est utilisée pour les scènes que l'auteur veut mettre en avant ou pour les plans aériens. C'est pratique pour présenter une vue d'ensemble.

Mais la plus attendue de toutes, est sans conteste...

決めゴマ ◆ **kimegoma** *la case décisive*
C'est une case cruciale par rapport à l'histoire où un personnage prononce la **kimezerifu** 決めゼリフ, *réplique décisive* qui rend le personnage et la scène très importants. En général, c'est une grande case.

D'autres mots de vocabulaire sont liés à la réalisation des cases. Pour ne citer qu'eux :

ワク線 ◆ **wakusen** *les traits de bordure*
Cela désigne les traits qui bordent une **koma** コマ, *case*. De nombreux auteurs commencent par les tracer quand ils dessinent leurs planches définitives.

断ち切り ◆ **tachikiri** *dessiner en débordant de la case*
C'est une technique utilisée par de nombreux **mangaka** 漫画家. Le procédé est simple, il s'agit pour l'auteur de dessiner volontairement en sortant des limites de la case. Ce terme désigne également la case ou la planche elle-même avec

le dessin qui dépasse du cadre. Cette technique est de plus en plus répandue notamment pour représenter un paysage vaste ou pour donner un côté énergique à la page. Quand une bande dessinée japonaise est sous forme de livre, les doubles pages ont leur importance. Lors de la traduction en version étrangère, le sens de lecture et l'ordre des pages sont aujourd'hui souvent préservés car les professionnels se sont aperçus de l'importance du graphisme...

◆ 見開き
**mihiraki**
*la double page*

On considère la page de droite et de gauche d'un **manga** 漫画 ouvert à plat comme une seule et grande page. Cela permet d'accomplir un grand dessin et de réaliser une double page impressionnante. Les **mihiraki** 見開き sont souvent utilisées pour des scènes de combat.

◆ ノンブル
**nonburu**
*les numéros de page*

Il s'agit des numéros situés en bas d'une page. C'est un terme utilisé par les éditeurs plus que par les lecteurs. Ce terme vient du mot *nombre* en français.

◆ トーン
**tôn**
*la trame*

Dessinée à la main, collée sur la planche ou insérée de manière numérique. Elle peut effectivement être dessinée à la main, mais cela prend beaucoup de temps. Il existe une grande variété de motifs : les classiques tels les **tenbyô** 点描, les *demi-tons*, et le **kakeami** かけあみ, le *maillage*. Aujourd'hui, il existe diverses trames spécifiques pour le **manga** 漫画, appelées les **tôn shîto** トーンシート, *feuille de trame*, que l'on peut coller directement sur la planche.

Selon la concentration du motif amiten, la couleur de la trame est  plus ou moins foncée. Le dégradé du motif amiten est souvent utilisé.

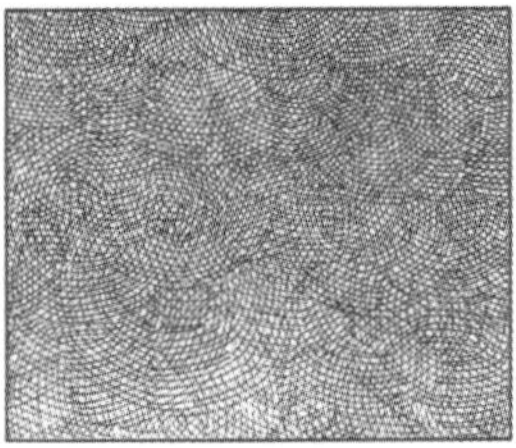

Trames à coller sur décors pour exprimer les émotions ou sur des habits en tant que motifs.

## Trames utilisées directement comme décors.

Arbre et ciel.

トーンシート ◆ **tôn shîto** *la feuille de trame*

Feuille sur laquelle des motifs de trame sont déjà imprimés et prêts à être collés sur la planche. Utilisés d'abord par des graphistes, l'usage des **tônshîto** トーンシート, *feuilles de trames* est désormais très répandu dans le milieu. L'offre est très variée. Cela va des trames classiques, aux motifs plus ou moins complexes, jusqu'à des paysages entiers. Le prix varie selon les marques, mais reste souvent assez élevé, ce qui freine leur pratique chez les auteurs amateurs ou débutants.

Les plus répandus sont donc :

点描 ◆ **tenbyô** *les demi-tons*

Les **tenbyô** 点描 sont des motifs de trame de base, utilisés dans le domaine du graphisme. Les auteurs de **manga** 漫画 les ont vite intégrés dans leurs œuvres. En fonction de la taille et du nombre de points, il est possible d'avoir une grande variété de rendus, notamment avec des effets de dégradé.

カケアミ ◆ **kakeami** *le maillage*

Il s'agit d'une trame avec des croisillons plus ou moins serrés qui donnent l'impression du maillage d'un filet.

# 道具

# Les outils

道具

# LES OUTILS

Pour réaliser un bon **manga** 漫画, l'auteur est favorisé s'il est bien équipé. Connaître les différentes parties d'une planche c'est essentiel, mais l'auteur dispose de nombreux outils. Le plus utilisé et le plus classique reste le porte-plume !

インクとペン先

## Les encres et les embouts

インク
**inku**
*l'encre*

◆ La transcription du mot anglais « ink » (*encre*) en japonais. L'encre utilisée pour dessiner les **manga** 漫画 est de couleur **kuro** 黒, *noire* et ne se dilue pas à l'eau. Cette encre est employée pour le dessin. Est utilisée également *l'encre pour valeurs mobilières*, **shôken.yô inku** 証券用インク. Certains manient aussi de *l'encre de Chine*, **bokujû** 墨汁. L'encre est employée avec un porte-plume lors de la phase finale, pour passer sur les traits de crayon de l'ébauche.

証券用インク
**shôken.yô inku**
*encre pour valeurs mobilières*

◆ Son appellation vient du fait que cette encre noire indélébile est utilisée pour les transactions officielles. Les auteurs l'utilisent beaucoup car elle sèche vite. Elle est idéale pour tracer les traits de contours d'une illustration en couleur.

製図用インク
**seizuyô inku**
*encre pour dessin technique*

◆ Elle est légèrement plus épaisse que le **shôken.yô inku** 証券用インク ; elle sèche donc un peu moins vite, mais elle est également indélébile. Sa spécificité : elle résiste davantage au passage de la gomme.

À l'usage, l'embout s'écrase et s'épaissit. Il faut alors le changer.
À gauche : **maru pen**, à droite, **G-pen**.

Le mot japonais **karâ inku** カラーインク est la transcription des termes anglais « color ink ». Elles sont peu utilisées par les auteurs de **manga** 漫画 qui leur préfèrent les feutres Copic pour les pages couleurs ou les illustrations de couverture.

◆ カラーインク
**karâ inku**
*encre de couleur*

L'encre de Chine est employée traditionnellement pour le **shodô** 書道, *la calligraphie japonaise*. Elle ne se dissout pas forcément dans l'eau. Elle est très pratique pour colorier une grande surface de noir, difficile à réaliser avec un embout de plume. Même si l'ère du numérique tente certains, d'autres ne jurent que par leur **penjiku** (ペン軸 *porte-plume*) et leurs embouts favoris ! Ce sont des produits de grande consommation pour les auteurs.

◆ 墨汁
**bokujû**
*encre de Chine*

L'auteur change les **pensaki** ペン先, *embouts* en fonction des traits et de ses habitudes. Il arrive que des fournisseurs arrêtent la fabrication d'un type d'embout, les auteurs prennent donc souvent l'habitude d'en acheter en grande quantité pour se constituer un stock.

◆ ペン先
**pensaki**
*l'embout*
*du porte-plume*

Certains auteurs pointilleux utilisent un embout par page pour que les traits soient uniformes. Les embouts bien utilisés dont l'ouverture s'est élargie peuvent être conservés pour tracer des traits épais.

ペン軸 ◆ Plume qui peut accueillir différents embouts. L'auteur est habitué à son **penjiku** ペン軸, *porte-plume*, qu'il utilise souvent depuis très longtemps – quelquefois depuis le lycée. C'est un objet auquel de nombreux artistes tiennent, qu'ils affectionnent particulièrement.

**penjiku**
*le porte-plume*

Il existe différentes formes d'embout :

丸ペン ◆ L'embout de plume à bout arrondi trace uniquement des traits fins, même lorsque l'on appuie fort dessus. Il est souvent utilisé pour les **shôjo** 少女.

**maru pen**
*l'embout à bout rond*

Gペン ◆ Embout de plume employé en général pour dessiner les traits de contour et les traits principaux. Mais certains auteurs n'utilisent que le **ji-pen** Gペン, *G-pen* pour dessiner. Cet embout permet de créer des nuances d'épaisseur dans les traits. Par exemple, pour le dessin d'un visage, le menton peut être appuyé et épais, alors que du menton à l'oreille, le trait peut « s'évanouir » si on trace le trait sans appuyer sur la plume. Il est fréquemment utilisé dans les **shônen** 少年 où les tracés doivent être vigoureux.

**ji pen**
*(l'embout) G-pen*

Deux noms pour cet embout qui permet de tracer des traits d'épaisseur relativement régulière. Il est donc conseillé pour les **shoshinsha** 初心者, *débutants*.

◆ カブラペン 、サジペン
**kabura pen, saji pen**
*l'embout kabura, l'embout cuillère*

## 筆箱の中
## Dans la trousse

Comme un écolier qui prépare sa rentrée, le **mangaka** 漫画家 se doit d'avoir une trousse bien fournie !

Feutre fin noir utilisé pour dessiner les choses minutieuses ou fines. On l'utilise notamment pour les paysages et les **fukidashi** 吹き出し, *bulles*.

◆ ミリペン
**miri pen**
*le millipen*

Feutre dont le bout est en forme de pinceau. Il est utilisé pour le **beta** ベタ, *remplissage de noir*, ou pour les **kakimoji** 描き文字, *lettres dessinées*.

◆ 筆ペン
**fude pen**
*le feutre pinceau*

Pratique pour découper, saisir les **tôn shîto** トーンシート, *feuilles de trame* et les coller sur la planche.

◆ カッター
**kattâ**
*le cutter*

Outil privilégié par les auteurs par rapport au crayon, car il dispense de tailler la mine. Lors de l'ébauche, l'auteur tient le **shâpu pen** シャープペン, *portemine* pendant longtemps. Les portemines ergonomiques avec corps en gel ou en gomme sont les plus recherchés. La mine bleue est invisible lorsqu'on la photocopie en noir

◆ シャープペン
**shâpu pen**
*le portemine*

et blanc. Elle est donc très pratique pour donner des indications de trames à coller ou pour les lignes de démarcation.

鉛筆 ◆ **enpitsu** *le crayon à papier*

Les auteurs préfèrent une mine souple, en générale du 2B, car si la mine est trop rigide, la marque du trait reste sur le papier même quand on a effacé à la gomme. Cependant, l'usage du **shâpu pen** シャープペン, *portemine* est nettement plus répandu chez les auteurs de **manga** 漫画.

消しゴム ◆ **keshigomu** *la gomme*

Pour effacer les traits de crayon ou du portemine ce sont les gommes blanches standard qui sont les plus employées. Certains auteurs utilisent du **nerikeshi** 練り消し, *une gomme collante* qui ne s'émiette pas. Pratique car elle ne roule pas sur la table.

定規 ◆ **jôgi** *la règle*

Outil essentiel pour tracer le contour des cases, les traits des bâtiments, ou encore, les lignes à effet. Cependant, certains auteurs n'utilisent pas la **jôgi** 定規, *règle* et dessinent des bâtiments à main levée pour donner plus de style et pour harmoniser avec les traits des **kyarakutâ** キャラクター, *personnages*. À première vue, ces traits semblent bien droits et tracés à la règle, il faut bien les observer pour s'en rendre compte.

コイン ◆ **koin** *la pièce de monnaie*

Quand on retire la règle, on court un risque d'empâtement du trait d'encre sur la planche. Il est habituel pour le **mangaka** 漫画家 de coller sous la règle deux *pièces de monnaie*, **koin** コイン avec un ruban adhésif. Ainsi, la règle est légèrement surélevée par rapport au papier, et cela évite tout risque de bavure.

Règle courbe fabriquée dans une matière souple. Elle est utilisée pour tracer des lignes courbes. Cependant, les auteurs expérimentés dessinent les courbes à main levée.

◆ 雲形定規
**kumogata jôgi**
*le pistolet*

机の上にあるもの

## Sur le bureau

Commençons par énumérer les objets usuels :

Table sur laquelle l'auteur dessine ses planches et effectue les diverses tâches de création. En général, elle doit être assez grande pour pouvoir accueillir la **raito têburu** ライトテーブル, *table lumineuse* et le matériel nécessaire au dessin. Il est courant que l'auteur personnalise cet espace de travail avec des objets qu'il aime (figurines, gadgets, etc.).

◆ 机
**tsukue**
*le bureau*

Table dont le fond est équipé d'une lampe. Elle éclaire le papier et permet de recopier en transparence sur la *planche* **genkôyôshi** 原稿用紙 un dessin réalisé sur un papier. En effet, les auteurs réussissent souvent mieux un côté que l'autre selon qu'ils soient droitiers ou gauchers. En général, les droitiers parviennent mieux à dessiner des visages orientés vers la gauche. Alors, pour dessiner un visage orienté vers la droite, ils retournent le dessin et le recopient en transparence grâce à la **raito têburu** ライトテーブル, *table lumineuse*.

◆ ライトテーブル
**raito têburu**
(« light table »)
*la table lumineuse*

Souvent posé sur le bureau, il permet à l'auteur de dessiner les expressions qu'il souhaite donner à ses personnages en s'observant ou d'analyser la forme de sa main dans le miroir par exemple pour pouvoir reproduire le mouvement voulu. Il peut ainsi servir de modèle.

◆ 小さい鏡
**chiisai kagami**
*le petit miroir*

椅子 ◆ L'auteur de **manga** 漫画 reste assis de nombreuses heures donc sa chaise doit être confortable. Le fauteuil du dessinateur, l'« Aeron Chair » de la marque Herman Miller a du succès. (Voir rubrique La journée d'un mangaka.)
**isu**
*la chaise*

週刊少年ジャンプ ◆ Certaines tables, comme celle des architectes, peuvent être inclinées. Pour les autres, placer sous la table un ou des exemplaires de *Shûkan Shônen Jump* permet de créer l'inclinaison parfaite pour dessiner. Nombreux auteurs affirment que l'épaisseur de cette revue est idéale. Cependant, ils sont un peu gênés car ils ont l'impression de manquer d'égard envers cette revue culte.
**shûkan shônen jampu**
*la revue hebdomadaire manga Shûkan Shônen Jump*

週刊少年ジャンプ *Shûkan Shônen Jump*
C'est le magazine de manga incontesté qui détient le plus grand nombre de tirages (environ 2,8 millions par numéro). Sa parution est hebdomadaire. Il compte une vingtaine d'œuvres et fait un total de 400 à 500 pages. De nombreuses séries à succès y sont publiées, telles *One Piece*, *Naruto* ou encore *Gintama*. Le plus souvent, on utilise juste le terme **jampu** ジャンプ pour parler de ce magazine. Comme son titre l'indique, à l'origine, c'est un magazine destiné à un lectorat **shônen**, 少年, avec des œuvres politiquement correctes traitant des thèmes tels que l'amitié, le goût de l'effort et la victoire.

Il est évident que de nombreux auteurs de manga rêvent de publier dans la revue *Shûkan Shônen Jump*. Même les auteurs professionnels peuvent aspirer à avoir une série dans ce support ou dans un magazine qui appartient au label Jump, tel Young Jump. Ils considèrent cela comme l'accession à un certain statut. Ce label est très puissant. Toutefois, pour réussir à publier une série dans ce magazine – et pouvoir la continuer par la suite –, il faut gagner la popularité des lecteurs.

Afin d'éviter la « fuite » des auteurs, les mangaka qui débutent chez *Jump* signent un contrat d'exclusivité avec la maison d'édition Shûeisha. Après un certain temps de carrière, si un auteur Jump souhaite s'exprimer avec des manga plus sombres ou érotiques, il peut passer dans un *magazine pour jeune homme*, **seinen** 青年, du même label, tel *Young Jump*. L'auteur peut également mettre un terme à son contrat d'exclusivité et signer chez un autre éditeur. Certains **mangaka** 漫画家 ne supportent pas l'intensité physique que nécessite une parution hebdomadaire et passent sur un support mensuel tel *Jump Kai*.

Une fois par an, en décembre, *Shûkan Shônen Jump* et les magazines du même label *Jump* organisent un événement appelé *Jump Festa*. Il y a des ventes de produits limités, des séances de dédicaces, des animations avec des doubleurs de dessins animés, etc. Chaque année, elle rassemble environ 140 000 visiteurs.

Le manga *Bakuman* s'inspire de la rédaction du magazine *Shûkan Shônen Jump*.

修正ペン ◆ **shûseipen** *le correcteur*
Stylo correcteur avec une encre blanche qui permet de cacher les erreurs telles que l'encre qui a dépassé du trait de contour par exemple. Il sert également pour dessiner en blanc sur des fonds noir. Par exemple, des étoiles peuvent être dessinées au correcteur dans un ciel réalisé en remplissage de noir.

ホワイト ◆ **howaito** *encre blanche*
Encre blanche assez épaisse présentée sous forme de flacon pour effectuer des **shûsei** 修正, *corrections* ou pour être employée comme couleur blanche. Moins utilisée que le correcteur par les auteurs.

アームカバー ◆ **âmu kabâ** *les protections pour bras*
Morceaux de tissu qui recouvrent juste les avant-bras. Ils sont utilisés principalement en été afin que la transpiration ne salisse pas les planches, et que l'encre ne reste pas collée aux bras.

手袋 ◆ **tebukuro** *les gants*
De même que les **âmu kabâ** アームカバー, *protections des bras*, ils évitent de salir les planches avec la transpiration. Tous les bouts des doigts des gants sont coupés pour pouvoir bien saisir les éléments. Il y a du matériel bien spécifique, puis il y a les objets du quotidien détournés pour aider le **mangaka** 漫画家 à créer, à se concentrer, à trouver l'inspiration, à décompresser...

アイポッド ◆ **aipoddo** *iPod*
Lecteur MP3 de la marque Apple®. Le casque vissé sur les oreilles l'auteur peut se couper du monde et se concentrer sur son travail.

Les auteurs ont un lecteur DVD pour faire défiler des images pendant qu'ils exécutent des tâches manuelles. Il sert aussi à visionner des scènes de film qui peuvent souffler quelques idées à l'auteur. C'est notamment le cas pour des scènes grandioses de combat, avec beaucoup de figurants.

◆ DVDデッキ
**dîbuidî dekki**
*lecteur DVD*

Passons aux indispensables !

Recueil de photographies avec de nombreuses poses de personnages. Il en existe de toutes sortes et très spécifiques : *fille en uniforme*, *homme en tenue de sport* **dansei** 男性, *personne âgée* **otoshiyori** お年寄り, etc.

◆ ポーズ集
**pôzushû**
*livre de modèles de poses*

Une poupée en bois articulée, utilisée pour le dessin. Ce mannequin en bois, finement poli, se prête parfaitement à la réalisation de dessins. Il sert à étudier les proportions du corps, les volumes, et permet de se rendre visuellement compte de la façon de dessiner telle ou telle posture.

◆ デッサン人形
**dessan ningyô**
*mannequin en bois*

# 漫画に関連する機関

# Les organismes en rapport avec les manga

漫画に関連する機関

# LES ORGANISMES EN RAPPORT AVEC LES MANGA

Le nombre d'auteurs et d'éditeurs augmente, y compris dans le milieu **manga** 漫画 ! De nombreux organismes sont en lien avec cette sphère. Nous pouvons vous conseiller sur quelques lieux où passer un agréable moment à lire des bandes dessinées japonaises, à apprendre à dessiner des **manga** 漫画, à tout connaitre de cet univers... au Japon et en France !

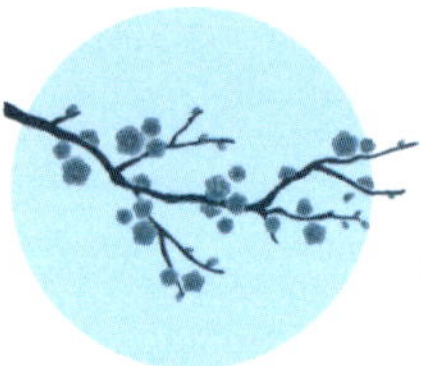

日本で

## Au Japon

Le **manga** 漫画 est bien ancré dans la société japonaise. Faisons un rapide tour d'horizon sur les principaux établissements empreints de cette culture !

京都精華大学マンガ学部
*kyôto seika daigaku manga gakubu*
*Département manga de l'université kyôto seika*

Département d'une université privée qui se trouve à Kyôto 京都, destiné aux étudiants de 4e année. C'est l'unique département universitaire de bande dessinée japonaise, même s'il existe plusieurs universités qui proposent des sections **manga** 漫画. Le directeur du département est l'auteure TAKEMIYA Keiko. D'autres mangaka 漫画家 en activité, comme SASÔ Akira, y enseignent.

**www.kyoto-seika.ac.jp/eng/** *(en anglais)*

京都国際マンガミュージアム
*kyôto kokusai manga myûjiamu*
*Musée international du manga de Kyôto*

Bibliothèque et musée spécialisés, et gérés conjointement par la ville de Kyôto et l'université Kyôto Seika. Un centre de recherche y est inclus. L'établissement utilise le bâtiment d'une ancienne école primaire. Le catalogue compte plus de 300 000 ouvrages ; 50 000 sont en libre accès.

**www.kyotomm.jp/french** *(en français)*

Il existe de nombreux musées dans l'archipel pour rendre hommage aux **mangaka** 漫画家. En général, le musée est bâti dans la région natale ou un lieu qui a eu une importance dans la vie de l'auteur. Nous vous présentons celui de TEZUKA Osamu.

宝塚市立手塚治虫記念館
*takarazuka shiritsu tezuka osamu ki.nen kan*
*Musée TEZUKA Osamu de Takarazuka*

Un musée consacré à son œuvre, et retraçant sa vie, a été établi à Tazarakuza (la ville de son enfance) en 1994. L'extérieur est composé d'un parterre en béton d'empreintes des différents personnages de TEZUKA, façon « Hollywood's Walk of fame » ! Cet établissement véritablement surprenant n'est pas le seul lieu qui rend hommage au **manga no kamisama** マンガの神様, *Dieu du manga*. Il y a notamment la gare de Kyôto, édifice de 11 étages qui a consacré une zone spéciale à l'artiste (*Tezuka Osamu World*) et qui a orné ses panneaux indicateurs de ses personnages les plus célèbres.

マンガ専門図書館
*manga senmon toshokan*
*Bibliothèque spécialisée en manga*

Bibliothèque spécialisée qui rassemble tous les titres phares actuels, mais également, de précieuses œuvres qui sont épuisées.

**manga senmon toshokan** マンガ専門図書館 est un terme générique, il existe plusieurs bibliothèques spécialisées, nous pouvons citer, par exemple, la bibliothèque mémorial YONEZAWA Yoshihiro de l'université Meiji.

米沢嘉博記念図書館
*yonezawa yoshihiro ki.nen toshokan*
*Bibliothèque mémorial YONEZAWA Yoshihiro*

La collection de revues de prépublications de **manga** 漫画 ainsi qu'une grande collection de fanzines dans cette bibliothèque, absentes des bibliothèques classiques, sont vraiment précieuses. C'est un organisme rattaché à l'Université Meiji. Il n'est possible de consulter les ouvrages que sur adhésion.

**www.meiji.ac.jp/cip/english/institute/yonezawa.html** *(en anglais)*
**www.meiji.ac.jp/manga/yonezawa_lib/index.html** *(en japonais)*

YONEZAWA Yoshihiro (1953-2006) était critique de **manga** 漫画. Il fut l'un des fondateurs et le président du salon **komike** コミケ. Il a grandement contribué au développement et à la reconnaissance dans le domaine. Il a été jury pour le prix Tezuka et également président de la *Japan Society for Studies in Cartoons and Comics.*

国立国会図書館
*kokuritsu kokkai toshokan*
*Bibliothèque nationale de la Diète*

Bibliothèque qui conserve toutes les publications japonaises grâce à un système de gestion rigoureux. Dans le commerce, il est possible de se procurer des bandes dessinées japonaises épuisées, mais c'est impossible pour les magazines de prépublication. Pour consulter ces derniers, cette **toshokan** 図書館, *bibliothèque* est idéale. Il est possible de les consulter sur place et certains peuvent être photocopiés. Toutefois, il n'est pas possible d'emprunter des ouvrages.

www.ndl.go.jp/en/index.html *(en anglais)*

« Les visiteurs étrangers ont souvent du mal à comprendre pourquoi les Japonais lisent autant de mangas. Une explication de la popularité de ces bandes dessinées japonaises dans notre pays est que le Japon eut Tezuka Osamu, là où d'autres nations n'eurent aucun équivalent. [...]. »

— *Asahi Shinbun* (c'est un journal),
10 février 1989, le lendemain du décès du « dieu du manga ».

豊島区立図書館本館
*toshima kuritsu toshokan honkan*
*Bibliothèque centrale de l'arrondissement de Toshima*

Bibliothèque publique qui se situe à Ikebukuro, dans l'arrondissement Toshima, à Tôkyô. Le quartier a accueilli de célèbres **mangaka** 漫画家 dans leur jeunesse, à la pension Tokiwasô, tels TEZUKA Osamu, Fujiko. F. Fujio, etc. Pour une bibliothèque publique, cet établissement dispose d'un nombre impressionnant d'œuvres en lien avec ces auteurs. Toutes les œuvres peuvent être empruntées gratuitement.

**www.library.toshima.tokyo.jp/libguide.html**

現代マンガ図書館
*gendai manga toshokan*
*Bibliothèque du manga moderne*

Le fondateur de cette bibliothèque a collectionné à titre privé pendant plus de 50 ans, plus de 180 000 livres et magazines. Cet organisme est rattaché à l'université Meiji. Il est possible de consulter les œuvres en payant un billet d'entrée et en acquérant un ticket de consultation.

**sites.google.com/site/naikilib/**

Un voyage au pays du Soleil levant s'impose ? D'ici là, prenez le temps de découvrir (ou redécouvrir) les établissements présents dans l'hexagone.

フランスで

# En France

Les **manga** 漫画 font désormais partie intégrante des habitudes culturelles d'une nouvelle génération d'occidentaux. Preuve en est, les établissements spécialisés en **manga karuchâ** マンガカルチャー, *culture manga* installés en France. En voici quelques exemples…

## LA CITÉ INTERNATIONALE DE LA BANDE DESSINÉE ET DE L'IMAGE

Cet établissement, basé à Angoulême, réunit un musée de la bande dessinée, une bibliothèque patrimoniale, une bibliothèque publique spécialisée, un centre de documentation, une résidence internationale d'artistes, etc. Il propose un catalogue spécial **manga** 漫画 très riche.

www.citebd.org

## LA MAISON DE LA CULTURE DU JAPON

Organisme parisien qui a pour but de présenter la culture japonaise aux Français. Des expositions, des spectacles, des conférences en lien avec le **manga** 漫画 sont organisés régulièrement.

mcjp.fr

## ESPACE JAPON

Association culturelle franco-japonaise, parisienne, qui organise des événements sur la culture japonaise et sur des **mangaka** 漫画家. Des cours de japonais et de dessin sont également dispensés dans cet établissement. Il y a d'autres cours sur des thèmes culturels japonais : cours de **shodô** 書道, *calligraphie*, de **butô** 舞踏, *danse japonaise* ou encore de **shiatsu** 指圧 (*massage par digito-pression*).

www.espacejapon.com/fr/accueil

### ASSOCIATION CULTURELLE FRANCO-JAPONAISE TENRI

Une bibliothèque comprenant de nombreuses bandes dessinées japonaises, en version originale et traduites en français. Elles sont à disposition pour les adhérents de l'association.

www.tenri-paris.com

En parallèle à ces établissements spécialisés dans la diffusion de l'univers manga, des manifestations culturelles sont organisées pour contenter les passionnés et leur donner l'occasion de se rencontrer.

### JAPAN EXPO

La Japan Expo est le premier salon de **manga** 漫画 européen en terme de nombre de visiteurs. Il a commencé en 1999 dans un cadre associatif. Il se tient chaque année début juillet en région parisienne. C'est devenu un rendez-vous incontournable pour de nombreux fans qui n'hésitent pas à venir de province et de l'étranger. Des stands, des animations, et un salon dédié aux professionnels en font le salon de référence.

www.japan-expo.com

D'autres salons ont vu le jour :

### PARIS MANGA & SCI-FI SHOW

Cette manifestation regroupe le manga, la SF, les jeux vidéos, les comics, les séries télévisées (et même les sketches sur You Tube) depuis 1996.

www.parismanga.fr

Pour terminer, nous vous livrons les coordonnées de quelques bonnes librairies spécialisées, et cafés manga où passer un peu de bon temps et flâner, un manga à la main :

### LIBRAIRIE JUNKUDÔ

Une librairie japonaise qui appartient à une chaîne de plus d'une trentaine de librairies au Japon sous le nom de **junkudô shoten** ジュンク堂書店. C'est la plus ancienne librairie japonaise à Paris. On y trouve des livres en japonais et en français.

www.junku.fr

### URABASS

Un **manga kissa** マンガ喫茶, *salon de thé manga* tenu par des Japonais qui met à disposition de ses clients plus de 15 000 manga et des magazines qui viennent de sortir dans les kiosques (japonais). La connexion Internet ainsi que des services destinés aux touristes font de ce lieu, un lieu de passage pour les touristes japonais et les Japonais vivant en France.

www.urabass.com

### MANGA CAFÉ

Un **manga kissa** マンガ喫茶, *salon de thé manga* qui à l'image des établissements japonais, propose une grande collection de bandes dessinées japonaises à consulter sur place, des consoles de jeux avec des nouveautés, une connexion Internet... Il existe un tarif à l'heure ou à la journée. C'est un lieu de rendez-vous pour les **otaku** オタク.

www.mangacafe.fr

## LIBRAIRIE BOOK OFF

Il s'agit d'une librairie de **chûkobon** 中古本, *livres d'occasion*. Elle appartient à une chaîne au Japon. À Paris, il existe trois boutiques dont une spécialisée dans la langue et la culture japonaises (Le Book Off Paris Opéra). Vous trouverez des livres, bandes dessinées, DVD et CD de très bonne qualité. La particularité du magasin est de reprendre des ouvrages d'occasion en langue japonaise – si vous souhaitez les vendre.

www.bookoff.co.jp/fr/boutiques

Par ailleurs la rue Keller à Bastille dans le 11e arrondissement de Paris est devenue la rue du **manga** 漫画. C'est là que se trouvait le magasin Tonkam, la toute première librairie spécialisée. De nombreux magasins spécialisés vendent également des **chûkobon** 中古本 *livres d'occasion*. Ce quartier est devenu le repaire des **otaku** オタク, qui n'hésitent pas à s'y donner rendez-vous et y faire du cosplay.

Lieux d'échanges pour les Japonais résidant en France, pour les japonophones, les japonisants, et toute personne intéressée par la culture japonaise, ces différents établissements méritent un petit coup d'œil ! Nombreux sont les Français curieux de découvrir l'univers des **otaku** オタク, et la culture nippone.

# 主な擬態語

# Les principaux impressifs

# 主な擬態語

# LES PRINCIPAUX IMPRESSIFS

## 音声要素

## Éléments phonétiques

Les impressifs sont réellement propres à la **manga karuchâ** マンガカルチャー, *culture manga*. Nous n'en retrouvons pas d'équivalents aussi précis, multiples et variés dans les bandes dessinées franco-belges ou comic strips US. En effet, la langue japonaise dispose d'une immense catégorie de mots qui ne sont pas vraiment des mots, et qu'on peut appeler « impressifs ». Ces termes essaient, en utilisant les sons du langage, de reproduire toutes les sensations que ressent notre corps, une attitude, une réaction, ou la manière dont nous percevons la réalité extérieure. Par exemple, les bruits qui arrivent à notre oreille.

Dans la langue française, nous utilisons ce même procédé par le biais des onomatopées : boum, plouf, etc... Les onomatopées sont des mots qui évoquent par des sons du langage ce que perçoit notre oreille – ou en dessin, ce qui est présent sur la planche. Les onomatopées sont des impressifs, mais le japonais présente une étonnante richesse de termes, même pour les bruits : par exemple, il existe une quantité d'impressifs pour exprimer les diverses façons dont la pluie tombe, les différentes manières de pleurer, etc. Ils peuvent même symboliser également des silences, des bruits quasi inaudibles, etc.

Mais surtout, outre les bruits, les impressifs japonais correspondent à toutes les sortes de sensations. Il y a des impressifs pour évoquer tout ce qui arrive à nos yeux : une lumière, un clignotement, comment nous percevons un mouvement... Tout ce qu'on sent en touchant : la rugosité ou le lisse d'une surface. Le type de saveur d'un aliment, la sensation sur la langue. La manière de mâcher, de dormir, de rire ou de sourire. Il en existe même pour décrire une sensation sur la peau, un symptôme, ou une douleur. Et n'oublions pas ceux pour décrire une réaction physique à une émotion : la peur, la tristesse, la colère...

On peut dire que c'est un langage parallèle, permettant d'exprimer quasiment tout ce que les langues expriment d'habitude par de « vrais » mots et des phrases. Contrairement aux « vrais » mots, ils ne peuvent d'ailleurs pas remplir de fonctions dans une phrase. Ils peuvent seulement être cités. Le japonais possède un nombre impressionnant de ces mots, et les **mangaka** 漫画家 s'en servent formidablement bien, en jouant notamment sur la graphie.

## グラフィックス要素
## Éléments graphiques

La nature particulière de ces termes est marquée aussi par une écriture particulière. Dans la plupart des cas, ils sont écrits en **katakana** 片仮名. Quand ils rappellent de « vrais » mots japonais existants, ils sont souvent écrits en **hiragana** 平仮名.

Ex. : **kosokoso** こそこそ qui vient de **kossori** こっそり, *en cachette, en douce* ; **geso** げそ de

*It's Your World* ©
(t.2 p.11) 2008
KAWAKAMI Junko -
KANA (Dargaud-
Lombard s.a.)

**gessori** げっそり, *maigrir brutalement et considérablement* ; **niko** にこ de **nikkori** にっこり), *avec un joli sourire*...

Un auteur peut aussi décider d'écrire en **hiragana** 平仮名 des impressifs habituellement notés en **katakana** 片仮名. Ce peut être un choix graphique, pour se différencier ou pour donner un aspect plus doux, plus rond. Le **mangaka** 漫画家, peut donc jouer de sa plume pour donner un effet à l'impressif choisi, et il peut donner un second effet en optant pour une écriture **hiragana** 平仮名, **katakana** 片仮名 particulière. Utiliser les impressifs dans la bande dessinée, est très intéressant, les **mangaka** 漫画家 disposent de beaucoup de ressources !

Ces termes sont une véritable mine d'or pour la bande dessinée japonaise. Pour deux raisons : ils permettent d'exprimer en un seul mot ce pour quoi on aurait besoin de toute une phrase. Ils produisent sur le lecteur un effet de communication directe, intuitive et non pas raisonnée.

De plus l'écriture en **katakana** 片仮名, avec cet aspect anguleux, permet des jeux graphiques à l'infini (taille, disposition, forme des caractères) et une intégration directe au dessin. C'est ce qu'on appelle des **kakimoji**, 描き文字, *lettres dessinées*.

Les impressifs jouent ainsi un rôle très important dans la création d'une atmosphère. Ils servent parfois à donner une indication supplémentaire qui ne se trouve pas dans le dessin ou dans les répliques, ou au contraire, à renforcer ce qui est déjà présent. Par exemple, le même regard dur accompagné de **mera** メラ indique la rivalité, de **gira** ギラ une mauvaise intention, de **jiro** ジロ un simple regard noir adressé à quelqu'un, ou encore, **jî** ジー, pour un regard fixe.

◆ 描き文字
**kakimoji**
*lettres dessinées*

Notez que dans les manga traduits en français, les **kakimoji** 描き文字 sont conservées, accompagnées de leur équivalent français. Elles font partie du dessin.

擬態語の一例

# Liste non-exhaustive d'impressifs

Nous vous présentons ci-dessous une liste de ces « mots » par thèmes. Il en existe des centaines, mais cela vous permettra de vous faire une idée du vaste domaine couvert par les impressifs.

## LES ÉMOTIONS

### LES RIRES

ハハ、アハハ
**haha, ahaha** (rire classique)
ワハハハ
**wahahaha** (rire franc)
オホホ、ホホホ
**ohoho, hohoho** (bourgeois, femme adulte)
フフ、ウフフ
**fff, ufufu** (plutôt féminin, rire contenu)
ケケケ、ヒヒ、へへ
**ke ke ke, hi hi , hé hé** (rires coquin)
ケラケラ、ケタケタ
**kera kera, keta keta** (éclats de rire innocents)

*It's Your World* © (t.2 p.42) 2008 KAWAKAMI Junko - KANA (Dargaud-Lombard s.a.)

### LES SOURIRES SILENCIEUX

ニヤニヤ、ニヤリ **niya niya, niyari** (sourire moqueur)
ニタニタ **nita nita** (sourire narquois)
にんまり **ninmari** (grand sourire un peu vicieux)
にっこり **nikorri** (grand sourire)
にこっ **nikot'** (petit sourire)

### LES CRIS

キャー **kyâ** (un cri féminin)
ギャー **gyâ** (un cri mélant un peu de peur)
ガオー **gaô** (un monstre)

### LES PLEURS

しくしく **shikushiku** (pleurs discrets)
ワーン **wân** (pleurs à chaudes larmes)
エーン
**ên** (pleurs d'un enfant)
ぽろぽろ **poroporo** (larmes qui coulent)

*It's Your World* © (t.2 p.11) 2008
KAWAKAMI Junko - KANA
(Dargaud- Lombard s.a.)

**LA TRISTESSE**

しょぼん **shobon** (tristounet)
どーん **dôn** (un grand coup de déprime)
ズーン **zûn** (un chagrin pesant)

**LA PEUR**

ブルブル **buruburu** (tremblements)
サー **sâ** (le sang qui se glace)
ビク、ビクッ **biku, bikut'** (le tressaillement)
ドキドキ、ドキッ **dokidoki, dokit'** (cœur qui bat, qui palpite)

**LA JOIE**

ワーイ **wâi** (cri de joie)
ウワー **uwâ** (cri de joie mêlé à la surprise)
わくわく **wakuwaku** (excitation et enthousiasme)

**LA PRISE DE CONSCIENCE**

ハッ **ah** (s'apercevoir de quelque chose)

**LA COLÈRE**

ムカッ **mukat'** (colère fugace)
イラッ **irat'** (agacement fugace)
イライラ **ira.ira** (agacement)
ゴゴゴ **gogogo** (colère qui monte)

**LA GÊNE, LA TIMIDITÉ**

カー **kâ** (rouge aux joues)
ポッ **pot'** (rose aux joues)
もじもじ **mojimoji** (attitude d'une personne timide)
ぽりぽり **poripori** (personnage qui se gratte parce qu'il est gêné)

*It's Your World* © (t.2 p.42) 2008
KAWAKAMI Junko - KANA
(Dargaud-Lombard s.a.)

### LA FATIGUE ET SALETÉ

げんなり **gennari** (épuisé)
げそっ **gesso** (épuisé et amaigri)
ぼろっ **borot'** (sale et défait)
どろっ **dorot'** (sale et boueux)
たらー **tarâ** (goutte de transpiration qui perle)
だらだら **daradara** (transpiration abondante)

## LES ÉTATS

### LE SILENCE

しーん **shîn** (le silence)

### L'ÉCLAT

キラキラ **kirakira** (scintillement)
キラーン **kirân** (scintillement fugace)
ギラギラ **giragira** (scintillement inquiétant)
ピカピカ **pikapika** (propreté ou lumière intermittente)

### LE REBONDI

ぷるーん **purûn** (aspect rebondi et pulpeux)
ぷりっ **puri'** (aspect rebondi et mou)

## BRUITS D'ÉLÉMENTS NATURELS

### L'EAU ET LA PLUIE

ぽたぽた **potapota** (grosses gouttes qui perlent)
たちたち **tachitachi** (petites gouttes qui perlent)
ポチャーン **pochân** (goutte qui perle)
バッシャーン **basshân** (quelque chose qui tombe dans l'eau avec éclaboussures)
ザップーン **zappûn** (quelque chose de lourd qui tombe dans l'eau)
ちゃぷちゃぷ **chapuchapu** (bruit de battement dans l'eau)
ザー **zâ** (averse)

### LE FEU

パチパチ **pachipachi** (feu qui crépite)

ゴーゴー **gôgô** (feu violent)
メラメラ **meramera** (feu qui crame)

**LE VENT**

サー **sâ** (brise)
ヒュー **hyû** (vent qui souffle)
ビュー **byû** (vent qui souffle fort)
ゴー **gô** (vent qui souffle violemment)

**LE SOLEIL**

サンサン **sansan** (soleil éblouissant et chaud)
ギラギラ **giragira** (soleil caniculaire)

**LE TONNERRE**

ゴロゴロ **gorogoro** (le grondement du tonnerre)

**L'ÉCLAIR**

キラッ **kirat'** (la lumière fugace et brillante de l'éclair)

**LA FOUDRE**

ドーン **dôn** (bruit de la foudre)

## LES ACTIONS DE L'HOMME

**MANGER**

かみかみ **kamikami** (dents qui mordent bien les aliments)
むしゃむしゃ **mushamusha** (mastication)
ポリポリ **poripori** (grignotement)

**BOIRE**

ごくごく **gokugoku** (boire à grande gorgées)
グビグビ **gubigubi** (boire vite)
ごくり **gokuri** (bruit quand on avale)
ごっくん **gokkun** (bruit quand on avale)
ちびちび **chibichibi** (boire petit à petit)

**DORMIR**

スースー **sûsû** (sommeil normal)
スヤスヤ **suyasuya** (sommeil paisible)
グースカ **gûsuka** (sommeil profond et bruyant)
グー **gû** (sommeil neutre et lourd)

**MARCHER**

トントン **tonton** (pas léger et rythmé)
スタスタ **sutasuta** (pas rapides)
パタパタ **patapata** (bruit de pas qui claquent sur le sol)
どしどし **doshidoshi** (pas lourds, utilisés souvent pour plusieurs personnes)

**FRAPPER**

ドン **don bom** (bruit de choc)
ドム **domu boum** (bruit de choc plus fort)

Il existe beaucoup d'autres impressifs !

おわりに

# CONCLUSION

La société japonaise est tellement imprégnée par le **manga** 漫画 qu'il est devenu un objet du quotidien aux yeux de ses habitants.

Prenons un exemple : le **manga** 漫画 comme matériel pédagogique.

Il est très apprécié et lu, par les enfants, comme par les adultes. Les hommes qui ont marqué l'Histoire sont présentés sous les traits de **kyarakutâ** キャラクター, *personnages* (de manga) et deviennent ainsi accessibles à un large public. Ces ouvrages sont censés faciliter l'apprentissage en distrayant le **dokusha** 読者, *lecteur*, et en diminuant à ses yeux le caractère lointain, en les faisant s'exprimer dans des cases ils redeviennent plus « humains ». C'est une manière ludique de se souvenir des illustres et grandes périodes de l'Histoire, en faisant notamment appel à la mémoire visuelle. Les manga dessinés dans un but éducatif sont très fidèles à la réalité. Toutefois, d'autres **manga** 漫画 associent faits historiques et fiction, comme les uchronies par exemple, demandant un travail d'interprétation et d'imagination plus importants au sujet de l'Histoire du Japon, mais également de celle des autres pays. Ils sont très appréciés des élèves qui passent des concours, car ils apprennent en se distrayant – reprenons à titre d'exemple *La Rose de Versailles* d'IKEDA Riyoko, qui se déroule sous la Révolution française, œuvre mythique et très populaire. À sa lecture, de nombreux **dokusha** 読者 japonais ont retenu les principales étapes de cette période décisive de l'histoire de France.

Ces dernières années, les **manga** 漫画 qui visent à rendre accessibles des sujets jugés complexes, tels la Théorie de la relativité d'Albert Einstein, ou encore, des chefs-d'œuvre de la littérature comme *Le comte de Montecristo* d'Alexandre Dumas (adapté en dessin animé manga), connaissent également un franc succès.

Depuis une dizaine d'années, l'empreinte du **manga** 漫画 dans la vie japonaise s'est accélérée. Les caractéristiques propres au **manga** 漫画, son accessibilité, sa facilité de compréhension et de lecture, sont valorisées dans de nombreux domaines.

Aujourd'hui, le **manga** 漫画 apparaît même dans le monde des affaires. Des entreprises choisissent le **manga** 漫画 pour présenter leurs activités et communiquer. Il y en a aussi qui associent leur marque à un **manga** 漫画 célèbre pour promouvoir un produit. Le gouvernement japonais fait appel également au **manga** 漫画 pour certaines de ses campagnes – pour sensibiliser la population aux risques de la drogue par exemple – pour toucher le plus large public possible – aux niveaux national et local. Certaines régions n'hésitent pas à utiliser la célébrité d'un **mangaka** 漫画家 pour faire vivre leur région. Des musées commémoratifs sont inaugurés, des statues de **kyarakutâ** キャラクター, *personnages*, sont érigées dans les régions dont sont originaires les artistes pour attirer les touristes et développer l'économie locale.

Créer des longs métrages et des séries télévisées à partir d'une œuvre originale **manga** 漫画 est une tendance en forte hausse. Il faut savoir que les **otaku** オタク apprécient plus ou moins ces adaptations. Néanmoins, plus de 20 longs métrages sortis dans les salles en 2014 au Japon sont issus d'un **manga** 漫画. Il est clairement ancré dans la mémoire collective des japonais, dans leur culture, leur quotidien.

C'est un puissant média, extrêmement influent, qui a désormais dépassé les frontières de l'archipel. Le **manga** 漫画 connaît un immense succès à l'étranger, à commencer par la France – 2e marché mondial derrière le Japon.

On trouve de nombreux longs-métrages ou séries télévisées tirés de manga japonais. À titre d'exemple, il y a *le Dragon Ball* made in USA, le *Old Boy* ou encore

*Hana yori dango* coréen. Personne n'est sans connaître la réputation de *Captain Tsubasa* (*Olive et Tom*) qui aurait influencé nombre de footballeurs dans le monde, dont le fameux Zinédine Zidane !

Face à l'ampleur du phénomène mondial, le gouvernement japonais a enfin reconnu le **manga** 漫画, tous supports confondus, comme faisant partie intégrante de la culture et de l'économie nippones, et a décidé d'avoir une vision stratégique dans ces domaines. Cette vision semble controversée par les **otaku** オタク, mais ils sont toutefois d'accord sur une chose : l'importance du **manga** 漫画 s'en est accrue dans tout le pays.

Lors de la rédaction de ce livre, nous, qui travaillons dans le milieu du **manga** 漫画, nous avons dû nous confronter et réfléchir au sens du vocabulaire spécifique employé au quotidien et qui nous semblait jusqu'alors naturel à nos yeux. Ce fut une expérience amusante et pleine de découvertes ! Certaines choses que l'on croyait spécifique à la culture manga se sont avérées être profondément liées à la culture nippone. Nous serions heureuses que cet ouvrage attise votre curiosité sur la langue japonaise, qu'il vous incite à lire tout plein de **manga** 漫画, et qu'il renforce votre intérêt pour la **manga karuchâ** マンガカルチャー, *culture manga* au sens large.

Nous souhaitons remercier les personnes suivantes. Catherine GARNIER, pour la rédaction de ses rubriques enrichissantes, qui nous a apporté un point de vue unique en tant que professeur et spécialiste.

KAWAKAMI Junko, l'auteure de manga Japonaise, vivant en France, qui a dessiné avec brio la couverture et le personnage adorable et sensuel de la fille à couettes et la caricature ressemblante de Catherine sensei présents dans le livre. Les extraits de manga utilisé dans le livre sont issus des manga *It's Your World* vol.1 et 2, publiés aux éditions Kana en France. C'est une œuvre intéressante et amusante sur les différences culturelles entre le Japon et la France. N'hésitez pas à le prendre dans vos mains ! Nos éditeurs, qui nous ont proposé l'idée de ce projet original et différent, et pour leur soutien tout au long du projet.

SAITÔ Nobuhiko, éditeur et chercheur dans le domaine du manga, pour ses conseils avisés. WATANABE Kasumi, pour les formidables planches intérieures dans les chapitres sur « la journée type d'un mangaka » et « les saisons dans le manga ». L'équipe de la rédaction du magazine *Afternoon* de Kôdansha, qui nous a gentiment reçu et autorisé à prendre des photos. Et vous, qui avez lu ce livre... Nous vous disons un grand merci.

Nous pouvons vous garantir qu'à la lecture de ce livre, vous connaîtrez mieux l'univers des manga que la plupart des Japonais ! Le monde du manga n'a de cesse de changer et d'évoluer. Aujourd'hui, de nouveaux mots, de nouveaux phénomènes sont sûrement en train de voir le jour. Pour vous qui aimez le manga, si vous découvrez un terme intéressant qui ne figure pas dans ce livre, dites-le nous. Et continuons d'améliorer ensemble « Le Japonais du manga » !

テーマ別索引

# INDEX

単語

# LEXIQUE

## A

**akatsukashô** 赤塚賞
*prix Akatsuka* 63

**akihabara** 秋葉原
*Akihabara* 108

**ama** アマ
*amateur* 19

**animeka** アニメ化
*adaptation manga en dessin animé* 91

**aori** アオリ
*vue en contre plongée* 144

**appu** アップ
*gros plan* 144

**ashisutanto** 飯アシスタント
*assistant/e* 55

## B

**bessatsu** 別冊
*revue annexe manga* 69

**beta** ベタ
*remplissage de noir* 151

**beteran** ベテラン
*auteur vétéran* 20

**bishôjo kyara** 美少女キャラ
*personnage de jolie fille* 131

**bôizu rabu (bî.eru)** ボーイズラブ
*Boy's Love (BL)* 101

**bokujû** 墨汁
*encre de Chine* 163

**botsu** ボツ
*refus* 35

**bunkoban** 文庫版
*version bunko* 89

**butaika** 舞台化
*adaptation au théâtre* 92

## C

**chîfuashi** チーフアシ
*chef des assistant/e/s* 55

**chôju manga** 長寿マンガ
*manga longue vie* 72

**chôki rensai** 長期連載
*série longue durée* 72

**chûgoma** 中ゴマ
*moyenne case* 156

**chûken** 中堅
*auteur expérimenté* 23

## D

**datsusara** 脱サラ
*ex-salary-man* 24

**deddorain** デッドライン
*deadline* 36

**denshi shoseki** 電子書籍
*livres numériques* 83

I



J



K

## T



## U

もっとマンガに
詳しくなりたい人に

# POUR ALLER PLUS LOIN DANS LES MANGA


## LIVRES FRANÇAIS

- AZUMA Hiroki, *Génération otaku, Les enfants de la postmodernité*, Hachette, Paris, 2008.
- BERNABÉ Marc, *Le Japonais en manga, cours élémentaire de Japonais au travers des Manga*, Glénat, collection Art of, tome 1, Grenoble, 2005.
- BERNABÉ Marc, *Le Japonais en manga, cours intermédiaire de Japonais au travers des Manga*, Glénat, collection Art of, tome 2, Grenoble, 2006.
- BOUISSOU Jean-Marie, *Manga. Histoire et univers de la bande-dessinée japonaise*, éditions Philippe Picquier, Arles, 2010.
- FERRER Maria, RAMIREZ David, *Apprendre le japonais grâce aux manga*, Pika Éditions, Boulogne, 2006.
- GARNIER Catherine, MORI Toshiko, *Le Japonais*, collection Sans Peine, Assimil, Chennevières-sur-Marne, 2014.
- DURMOUS Pierre, HADAMITZKY Wolfgang, MOCHIZUKI Violaine, Kanji et kana, *Manuel et lexique des 2141 caractères officiels de l'écriture japonaise*, Éditions Maisonneuve, Paris, 2011.
- KASAI Riichi, *Assistante mangaka le blog*, Kana, Paris 2013.
- SAKUMA Akira, TORIYAMA Akira, *L'Apprenti mangaka*, collection Shônen, Glénat, Arles, 1997.
- *Dico Manga, Le dictionnaire encyclopédique de la bande dessinée japonaise*, coll. sous la direction de Nicolas Finet, éditions Fleurus, Paris, 2008.
- *Cours de dessin manga*, collectif, Hachette, Paris 2009-2013.

## LIVRES ÉTRANGERS

- KADOKURA Shima, マンガ脳の鍛えかた *Manga nô no kitaekata*, Shûeisha, 2010.
- SAKUMA Akira, TORIYAMA Akira, *Hetappi. Crummy Manga Lab*, éditions Shûeisha, Tôkyô, 1984.

引用元

# SOURCES

## MANGA


- AKIMOTO Osamu, *Kochira Katsushika-ku Kameari kôen mae hashutsujo*, prépublications dans le magazine Weekly Shônen Jump depuis 1976, Shûeisha.
- ARAKAWA Hiromu, *Fullmetal Alchemist*, 27 tomes, Kurokawa. (Square Enix)
- ARAKAWA Hiromu, *Silver Spoon*, - tomes, Kurokawa. (-tomes depuis 2011, Shôgakukan)
- AZUMA Hideo, *Journal d'une dépression*, Kana, 2009. (East Press, 2005)
- BURONSON, HARA Tetsuo, 26 tomes, Kazé. (27 tomes, Shûeisha)
- CHIBA Tetsuya, *Ashita no Jô*, 13 volumes, Glénat. (Kôdansha)
- Fujiko.F.Fujio, *DORAemon*, - tomes, Kana. (45 tomes, Shôgakukan)
- FUJIMAKI Tadatoshi, *Kuroko's Basket*, - tomes, Kazé. (- tomes depuis 2009, Shûeisha)
- FUJISAWA Toru, *GTO (Great Teacher Onizuka)*, 25 tomes, Pika Édition. (Kôdansha)
- HASEGAWA Machiko, *Sazae san*, 45 tomes, Shimbunsha.
- HAZUKI Megumi, *Mademoiselle se marie*, 18 tomes, Kaze. (Shûeisha)
- IKEDA Riyoko, *La Rose de Versailles*, 3 tomes, Kana. (Shûeisha)
- INOUE Takehiko, *Slam Dunk*, 31 tomes, Kana. (Shûeisha)
- ISHINOMORI Shôtarô, *Hokusai*, Kana, 2010. (Kôdansha, 1987)
- ITO Risa, *Okâsan no tobira*, Orange Page.
- JUN Asuka, *L'Étrange Noël de Monsieur Jack*, Pika Édition, 2012. (Kôdansha, 2004)
- KARIYA Tetsu, *Oishinbo*, prépublications dans le magazine Big Comic Spirits (depuis 1983), Shôgakukan.
- KAWAKAMI Junko, *It's your world*, 2 tomes, Kana.
- KISHIMOTO Masashi, *Naruto*, -tomes, Kana. (72 tomes, Shûeisha)
- MASHIMA Hiro, *Fairy Tail*, -tomes, Pika Édition. (-tomes depuis 2006, Kôdansha)
- MAYA Mineo, *Patariro !*, 6 tomes, J'ai lu. (8 tomes, Hakusensha).
- NINOMIYA Tomoko, *Nodame Cantabile*, - tomes, Pika Édition. (25 tomes, Kôdansha)
- OBA Tsugumi, *Bakuman*, 20 tomes, Kana. (Shûeisha)

- OBA Tsugumi, *Death Note*, 12 tomes, Kana. (Shûeisha)
- ODA Eiichirô, *One Piece*, - tomes, Glénat. (-tomes depuis 1997, Shûeisha)
- SAITO Takao, *Best of Golgo 13*, 1 tome, Glénat, 2006. (-tomes depuis 1968, Shôgakukan)
- SASUGA Kei, *GE Good Ending*, -tomes, Kana. (16 tomes, Kôdansha)
- TAKAHASHI Rumiko, *Inu-yasha*, 56 tomes, Kana. (Shôgakukan)
- TEZUKA Osamu, *L'Histoire des 3 Adolf*, 4 tomes, Tonkam. (Bungeishunjû)
- TEZUKA Osamu, *Ma vie manga*, Kana, Paris, 2011. (Iwanami Shoten, 1997)
- TORIYAMA Akira, *Dragon Ball*, 42 tomes, Glénat. (Shûeisha)
- TORIYAMA Akira, *Dr. Slump*, 18 tomes, Glénat. (Shûeisha)
- UMINO Chika, *Honey and Clover*, 10 tomes, Kana. (Shûeisha)
- YOSHIDA Sensha, *Manga Oya*, 2 tomes, Shôgakukan.


## AUTRES


- *Japonais*, dictionnaire japonais-français / français-japonais, Assimil, Chennevières-sur-Marne, 2014.
- KITANO Takeshi, *Achille et la tortue*, 119 min, Nikkatsu, 2010 (en France). (2008 au Japon)
- QUENTIN Corinne, TOUSSAINT Jean-Philippe, « Rêveries d'un promeneur solitaire » (entretien de TANIGUCHI Jirô), Castermag, n°23, été 2008, p. 4.
- *Shûkan Shônen Jump*, Shûeisha.
- *Asahi Shinbun*, Asahi Shimbun Company.

ILLUSTRATIONS
© KAWAKAMI Junko
Illustrations de la couverture, mascottes et extraits de manga
de *It's Your World* © 2008 KAWAKAMI Junko
- KANA (Dargaud-Lombard s.a.)

© WATANABE Kasumi
Illustrations 2, 48-49, 51-52, 55, 114-115, 117-118

PHOTOGRAPHIES
©KADOKURA Shima
29, 37, 69, 99, 163

Conception graphique et réalisation : AllRight

ISBN : 978-2-7005-0622-8
Achevé d'imprimer en juillet 2015
Dépôt légal : février 2015
Imprimé en Pologne par Dimograf
Numéro d'édition : 3453